תלמוד
פרקי אבות

Talmud
Pirkei Avot

Hebrew - English - Korean

투나
미스

탈무드: 피르케이 아보트

펴낸이 | 옮긴이 유지훈
편 집 투나미스 기획팀
초판발행 2017년 12월 15일
가격 12,000원
ISBN 979-11-87632-23-8 (03230)
펴낸곳 투나미스 출판사
주소 수원시 팔달구 정조로 735 베레슈트 3층
출판등록 2016년 6월 20일
전화 031) 244-8480
팩스 031) 244-8480
홈피 http://www.tunamis.co.kr
메일 ouilove2@hanmail.net

"탈무드를 포괄적으로 설명하고 과학적으로 조직하는 것은 우리 유대인에게 매우 중대한 일입니다. 우선 탈무드가 지닌 숭고한 문화적 가치는 현대인과 과학계에 자리를 내주기보다는 더욱더 활력소가 되어야 한다는 점에서 그렇습니다. 아울러 탈무드는 전 세계에 공개되어야 마땅합니다. 반유대주의 태생의 파렴치한 공격에 허를 찌르기 위해서 말이죠."

앨버트 아인슈타인

"탈무드는 어떤 책과도 비교할 수 없는 책입니다. ... 정답보다는 질문이 더 많은 책이랄까요. 탈무드의 문을 열었으니 들어오십시오. 그건 제가 대신해드릴 수 없는 일입니다."

랍비 아딘 스타인살츠

| 추천의 글 |

 탈무드는 하나님이 시내산에서 모세에게 말씀하신 토라의 일부입니다. 토라는 글로 기록된 성문토라와, 랍비의 말씀을 통해 전승된 구전토라가 있는데 탈무드는 후자를 가리킵니다. 때문에 탈무드는 성경과는 성격이 좀 다릅니다. 물론 성경의 가르침과 상반된다는 뜻은 아닙니다.

 성문토라인 성경은 인간의 구원을 제시하고 그 길을 걷고 있는 사람들의 삶과 정신을 위한 바른 길을 가르치는 반면, 구전토라인 탈무드는 인간이 무엇을 해야 하고 이를 어떻게 행해야 하는지 분석하고 가르침으로써 자신의 정체성을 일깨워줍니다. 탈무드를 연구하면 세상을 창조하시고 토라를 주신 하나님의 마음으로 사람을 인도하는 길을 발견하게 될 것입니다.

 여러분은 한글로 번역된 탈무드를 한 권쯤은 읽어본 적이 있을 것입니다. 책에 담긴 짤막한 이야기를 접하면서 지혜를 얻었으리라 생각합니다만 그 같은 일화는 탈무드에 기록된 작은 '점'에 불과합니다. 또한 탈무드 작가를 랍비 마빈 토케이어로 잘못 알고 있는 사람이 있는가 하면, 탈무드가 총 63권의 책으로 한 번 읽는 데만 수년이 걸린다는 말을 처음 듣는다는 사람도 적지 않습니다.

첫 번역서인 『탈무드: 피르케이 아보트』가 탈무드를 정확히 이해하는 데 밑거름이 되고, 완역의 초석과 연구의 도화선이 되기를 바랍니다.

변순복(백석대학교 구약학교수)

| 피르케이 아보트 פרקי אבות |

"선조의 장Chapters of the Fathers"인 피르케이 아보트는 모세가 랍비들에게 전수한 윤리적 가르침과 격언을 모은 책이다. 책에 담긴 의미를 반영하여 "선조의 윤리학Ethics of the Fathers"으로 옮기기도 한다. 미쉬나 4부(너지킨) 중 아홉 번째 책인데 마지막 6장은 나중에 추가되었다. 아보트는 윤리|도덕에 입각한 원칙은 기록되어 있으나 율법(할라하)은 거의 보이지 않는 것이 특징이다.

| 유명한 구절 |

랍비 힐렐이 쓴 시가가 널리 회자되는 구절로 꼽힌다.

> "내가 자신을 위해 살지 않는다면
> 누가 나를 위해 살겠는가?
> 내가 나를 위해 산다면 나는 무엇이겠는가?
> 지금이 아니라면 언제란 말인가?"
>
> (피르케이 아보트 1:14)

| 윤리적 원칙 |

친절을 베풀라

"세상은 세 가지 위에 서있다."
 (1) 토라 (2) 예배 (3) 선행(1:2)
"너희 집을 활짝 열라. 가난한 자를 네 식구로 삼으라(1:5)."
"반가운 표정으로 모든 사람을 맞이하라(1:15)."

이웃을 존중하라

"사람이 자신을 위해 선택해야 할 올바른 길은 무엇인가? 명예가 되고, 사람들의 존경을 받을 수 있는 길이면 된다(2:1)"
"너희 돈이 소중하듯 남의 돈도 소중히 여기라(2:12)."
"악한 눈과 악한 본성 그리고 사람들의 증오는 사람을 세상 밖으로 내몬다(2:16)."

신을 경외하라

"그의 뜻이 너희 뜻과 같이 되게 하라. 그러면 그도 너희의 뜻을 당신의 뜻 같이 만들 것이다. 그의 뜻 앞에서 너희의 뜻을 포기하라. 그러면 그분도 너희 뜻 앞에서 타인의 뜻을 무색케 하실 것이다(2:4)."

화평을 도모하라

"아론의 제자가 되라. 평화를 사랑하고 이를 도모하며 이웃을 사랑하고 그들을 토라로 인도하라(1:12)."

죄를 피하라

"토라 주변에 울타리를 치라(1:1)."
"악한 이웃과는 거리를 두라. 사악한 사람은 친구로 삼지 말라. 심판에 대해 절망하지 말라(1:7)."
"세 가지를 명심하라. 그러면 죄를 범하지 않을 것이다. 너희 위에 무엇이 있는지 알라. 보는 눈과, 듣는 귀가 있고 네 일거수일투족이 모두 책에 기록되어 있다(2:1)."

겸손하라

"일을 사랑하고 통치권을 혐오하라. 네가 정부에 알려져선 안 된다 (1:10)."
"명성을 찾는 자는 명성을 잃을 것이다(1:13)."
"공동체를 위한 활동에 전력하는 사람은 모두 하늘을 위한 일을 하게 될 것이다. 선조의 공로가 그들을 돕고 그들의 의로움이 영원히 지속될 것이 때문이다(2:2)."

기도에 집중하라

"기도할 때, 기도가 부담이 되어서는 안 되며 하나님 앞에서 동정을 위한 간구가 되어야 할 것이다(2:18)."

토라 연구와 일을 병행하라

"토라 연구는 데레흐 에레쯔(생업)를 동반해야 바람직하다. 두 일에 몰두하면 죄가 파기되기 때문이다. 일이 동반되지 않는 토라는 결국 그만두게 되거나 죄의 자취를 남기게 될 것이다(2:2)."

말을 조심하라

"실천이 중요하며 말이 많으면 죄를 범하게 될 것이다(1:17)."
"적게 말하고 많이 행동하라(1:5)."
"현인이여, 말을 신중히 하라. 그러지 않으면 강제 추방으로 악한 강이 흐르는 곳에 이르고, 너희를 따르는 제자는 물을 마시고 죽을 것이며 결국에는 하늘의 이름마저 훼손될 것이다(1:11)."

탈무드

탈무드תלמוד는 '가르침' 혹은 '배움'이란 뜻으로 어원은 라마드LMD에서 파생된 것으로 유대교 랍비의 중심 문헌을 일컫는다. 전통적으로는 "샤스ש״ס"라고도 한다. 샤스는 "쉬샤 세다림(여섯 가지 체계six orders)"의 약어이며 미쉬나의 여섯 체계(6부)를 가리킨다. 예루살렘 탈무드(혹은 팔레스타인 탈무드)가 일찍 기록되긴 했지만 일반적으로 "탈무드"는 바벨론 탈무드(탈무드 바블리)를 가리킨다.

탈무드는 유대교 랍비의 구전토라를 집대성한 미쉬나(서기 200년)와, 구약성경을 비롯한 여러 주제를 토론한 게마라(서기 500년)로 구성되어 있다. "탈무드"는 미쉬나 본문과 게마라의 통칭으로 쓰이나 때로는 게마라만을 지칭할 때도 있다.

탈무드 전권은 63권이며 6,200페이지가 넘는다. 기록 언어는 탄나임(랍비)이 구사하던 히브리어와 고대 아람어이며 여기에는 기원전부터 기원후 5세기까지 랍비 수천 명의 가르침과 소견이 담겨 있다. 이를테면 율법(할라하)을 비롯하여 유대교 윤리와 철학, 관습, 역사, 설화 등, 주제도 다양하다. 탈무드는 랍비 문헌에 널리 인용되며 유대교 율법의 근간을 이룬다.

탈무드 구성도

1부
זרעים
Zeraim
씨

- Berakhot
- Pe'ah
- Demai
- Kil'ayim
- Shevi'it
- Terumot
- Ma'aserot
- Ma'aser Sheni
- Hallah
- Orlah
- Bikkurim

2부
מועד
Moed
절기

- Shabbat
- Eruvin
- Pesahim
- Shekalim
- Yoma
- Sukkah
- Beitza
- Rosh Hashanah
- Ta'anit
- Megillah
- Mo'ed Katan
- Hagigah

3부
נשים Nashim 여성

- Yevamot
- Ketubot
- Nedarim
- Nazir
- Sotah
- Gittin
- Kiddushin

4부
נזיקין Nezikin 배상

- Bava Kamma
- Bava Metzia
- Bava Batra
- Sanhedrin
- Makkot
- Shevu'ot
- Eduyot
- Avodah Zarah
- **Avot**
- Horayot

5부

קדשים
Kodashim
성물

- Zevahim
- Menahot
- Hullin
- Bekhorot
- Arakhin
- Temurah
- Keritot
- Me'ilah
- Tamid
- Middot
- Kinnim

6부

טהרות
Tohorot
순결

- Keilim
- Oholot
- Nega'im
- Parah
- Tohorot
- Mikva'ot
- Niddah
- Makhshirin
- Zavim
- Tevul Yom
- Yadayim
- Uktzim

| 차례 |

- 추천사 6
- 아보트 8
- 발췌문 9
- 탈무드 12
- 구성도 13

19	chapter 1
51	chapter 2
91	chapter 3
137	chapter 4
177	chapter 5
229	chapter 6
263	역자후기

תלמוד

פרקי אבות

Chapter 1

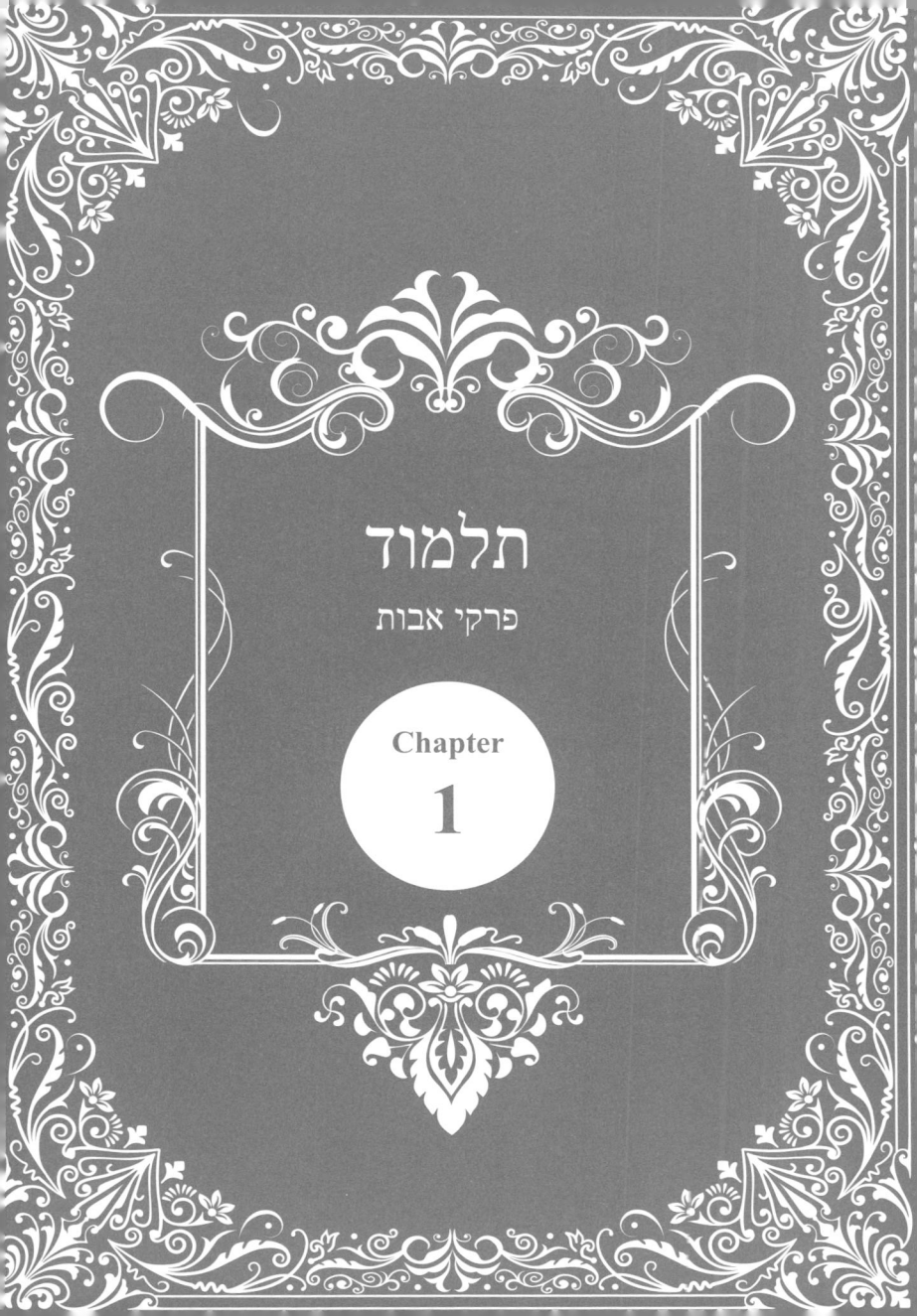

1

מֹשֶׁה קִבֵּל תּוֹרָה מִסִּינַי, וּמְסָרָהּ לִיהוֹשֻׁעַ, וִיהוֹשֻׁעַ לִזְקֵנִים, וּזְקֵנִים לִנְבִיאִים, וּנְבִיאִים מְסָרוּהָ לְאַנְשֵׁי כְנֶסֶת הַגְּדוֹלָה. הֵם אָמְרוּ שְׁלֹשָׁה דְבָרִים, הֱווּ מְתוּנִים בַּדִּין, וְהַעֲמִידוּ תַלְמִידִים הַרְבֵּה, וַעֲשׂוּ סְיָג לַתּוֹרָה:

1

Moshe received the Torah from Sinai and transmitted it to Yehoshua, and Yehoshua to the Elders, and the Elders to the Prophets, and the Prophets transmitted it to the Men of the Great Assembly. They said three things: Be deliberate in judgment, raise up many disciples and make a fence for the Torah.

1

모세는 시내산에서 토라를 받아 이를 여호수아에게 전했다. 여호수아는 장로에게 [전했고] 장로는 선지자에게 [전했으며] 선지자는 이를 위대한 모임의 공회원에게 전했다. 그들은[위대한 모임의 공회원은] 세 가지를 이야기했다.

(1) 판결에 앞서 인내하라
(2) 많은 제자를 세우라
(3) 토라 주변에 울타리를 치라

2

שִׁמְעוֹן הַצַּדִּיק הָיָה מִשְּׁיָרֵי כְּנֶסֶת הַגְּדוֹלָה.
הוּא הָיָה אוֹמֵר, עַל שְׁלֹשָׁה דְבָרִים הָעוֹלָם
עוֹמֵד, עַל הַתּוֹרָה
וְעַל הָעֲבוֹדָה וְעַל גְּמִילוּת חֲסָדִים:

3

אַנְטִיגְנוֹס אִישׁ סוֹכוֹ קִבֵּל מִשִּׁמְעוֹן
הַצַּדִּיק. הוּא הָיָה אוֹמֵר, אַל תִּהְיוּ כַּעֲבָדִים
הַמְשַׁמְּשִׁין אֶת הָרַב עַל מְנָת לְקַבֵּל פְּרָס,
אֶלָּא הֱווּ כַּעֲבָדִים הַמְשַׁמְּשִׁין אֶת הָרַב שֶׁלֹּא
עַל מְנָת לְקַבֵּל פְּרָס, וִיהִי מוֹרָא שָׁמַיִם
עֲלֵיכֶם:

2

Shimon the Righteous was from the remnants of the Great Assembly. He would say, "On three things the world stands: on the Torah, on the service and on acts of lovingkindness."

3

Antigonos, man of Sokho, received from Shimon the Righteous. He would say, "Do not be as servants who are serving the master in order to receive a reward, rather be as servants who are serving the master not in order to receive a reward; and may the fear of Heaven be upon you."

쉬몬 하짜딕은 위대한 모임의 마지막 공회원 중 하나였다. 그는 이렇게 말하곤 했다. "세상은 세 가지 위에 서 있다."

(1) 토라 (2) [하나님께 드리는] 예배 (3) 선행

소호의 안티고노스는 쉬몬 하짜딕에게서 [전통을] 물려받았다. 그는 이렇게 말하곤 했다. 대가를 받기 위해 주인을 섬기는 종처럼 되어선 안 된다. 대가를 바라지 않고 주인을 섬기는 종 같이 되라. 하늘을 경외하는 마음이 너희에게 있을지어다.

4

יוֹסֵי בֶן יוֹעֶזֶר אִישׁ צְרֵדָה וְיוֹסֵי בֶן יוֹחָנָן אִישׁ יְרוּשָׁלַיִם קִבְּלוּ מֵהֶם. יוֹסֵי בֶן יוֹעֶזֶר אִישׁ צְרֵדָה אוֹמֵר, יְהִי בֵיתְךָ בֵית וַעַד לַחֲכָמִים, וֶהֱוֵי מִתְאַבֵּק בַּעֲפַר רַגְלֵיהֶם, וֶהֱוֵי שׁוֹתֶה בְצָמָא אֶת דִּבְרֵיהֶם:

5

יוֹסֵי בֶן יוֹחָנָן אִישׁ יְרוּשָׁלַיִם אוֹמֵר, יְהִי בֵיתְךָ פָתוּחַ לִרְוָחָה, וְיִהְיוּ עֲנִיִּים בְּנֵי בֵיתֶךָ, וְאַל תַּרְבֶּה שִׂיחָה עִם הָאִשָּׁה. בְּאִשְׁתּוֹ אָמְרוּ, קַל וָחֹמֶר בְּאֵשֶׁת חֲבֵרוֹ. מִכָּאן אָמְרוּ חֲכָמִים, כָּל זְמַן שֶׁאָדָם מַרְבֶּה שִׂיחָה עִם הָאִשָּׁה, גּוֹרֵם רָעָה לְעַצְמוֹ, וּבוֹטֵל מִדִּבְרֵי תוֹרָה וְסוֹפוֹ יוֹרֵשׁ גֵּיהִנֹּם:

4

Yose ben Yoezer, man of Tsreida, and Yose ben Yochanan, man of Jerusalem, received from him. Yose ben Yoezer says, "May your house be a meeting house for Sages, become dirty in the dust of their feet and drink their words thirstily."

5

Yose ben Yochanan, man of Jerusalem, says, "May your home be open wide, may the poor be members of your household and do not increase conversation with the woman." They so stated with his wife; all the more so with the wife of his friend. From this, the sages said, "Any time that a man increases conversation with the woman, he causes evil to himself and neglects the words of Torah; and, in his end, he inherits Geihinam."

4

쯔레이다의 요시 벤 요에제르와 예루살렘의 요시 벤 요하난은 그들에게서 [전통을] 받았다. 쯔레이다의 요시 벤 요에제르가 이르기를 너희의 집을 현인이 모이는 집으로 삼으라. 그들의 발에 묻은 먼지 속에 구르라. 그들의 말씀을 갈증이 나듯 마시라.

5

예루살렘의 요시 벤 요하난이 이르되 "너희 집을 활짝 열라. 가난한 자를 네 식구로 삼으라. 네 아내와 소소한 대화를 너무 많이 하지 말라. 아울러 (현인이 이르기를) 다른 남자의 아내와도 절대 그래서는 안 된다. 이를 토대로 현인은 말했다. 아내와 소소한 대화를 너무 많이 하는 사람은 누구든 스스로 악을 행하고, 토라 연구를 게을리하여 결국에는 게힌놈을 물려받게 될 것이다."

6

יְהוֹשֻׁעַ בֶּן פְּרַחְיָה וְנִתַּאי הָאַרְבֵּלִי קִבְּלוּ מֵהֶם. יְהוֹשֻׁעַ בֶּן פְּרַחְיָה אוֹמֵר, עֲשֵׂה לְךָ רַב, וּקְנֵה לְךָ חָבֵר, וֶהֱוֵי דָן אֶת כָּל הָאָדָם לְכַף זְכוּת:

7

נִתַּאי הָאַרְבֵּלִי אוֹמֵר, הַרְחֵק מִשָּׁכֵן רָע, וְאַל תִּתְחַבֵּר לָרָשָׁע, וְאַל תִּתְיָאֵשׁ מִן הַפֻּרְעָנוּת:

6

Yehoshua ben Perachiah and Nitai of Arbel received from them. Yehoshua ben Perachia says, "Make for yourself a mentor, acquire for yourself a friend and judge every person as meritorious."

7

Nitai of Arbel says: "Distance [yourself] from a bad neighbor, do not befriend an evildoer and do not despair of punishment."

6

여호수아 벤 프라흐야와 아르벨리의 니타이는 그들에게서 이어받았다. 여호수아 벤 프라흐야가 이르되 "너를 위해 스승을 모시라. 너를 위해 친구를 구하라. 모든 사람을 긍정적으로 판단하라."

7

아르벨리의 니타이가 이르되 "악한 이웃과는 거리를 두라. 사악한 사람은 친구로 삼지 말라. 심판에 대해 절망하지 말라."

יְהוּדָה בֶן טַבַּאי וְשִׁמְעוֹן בֶּן שָׁטָח קִבְּלוּ מֵהֶם. יְהוּדָה בֶן טַבַּאי אוֹמֵר, אַל תַּעַשׂ עַצְמְךָ כְעוֹרְכֵי הַדַּיָּנִין. וּכְשֶׁיִּהְיוּ בַעֲלֵי דִינִין עוֹמְדִים לְפָנֶיךָ, יִהְיוּ בְעֵינֶיךָ כִרְשָׁעִים. וּכְשֶׁנִּפְטָרִים מִלְּפָנֶיךָ, יִהְיוּ בְעֵינֶיךָ כְזַכָּאִין, כְּשֶׁקִּבְּלוּ עֲלֵיהֶם אֶת הַדִּין:

8

Yehuda ben Tabai and Shimon ben Shetach received from them. Yehuda ben Tabai says, "Do not make yourself like the judges' advisers; and when the litigants are before you, they should be like evildoers in your eyes; and when they are excused from before you, they should be meritorious in your eyes—when they have accepted the judgment."

(8)

여후다 벤 타바이와 쉬몬 벤 샤타흐는 그들에게서 [전통을] 받았다. 여후다 벤 타바이가 이르기를 "법률 상담가처럼 굴어선 안 된다. 소송 당사자가 네 앞에 서면 그들을 악인으로 간주하라. 하지만 평결을 인정하며 떠나거든 그들을 훌륭한 사람으로 여기라."

שִׁמְעוֹן בֶּן שָׁטָח אוֹמֵר, הֱוֵי מַרְבֶּה לַחְקֹר אֶת הָעֵדִים, וֶהֱוֵי זָהִיר בִּדְבָרֶיךָ, שֶׁמָּא מִתּוֹכָם יִלְמְדוּ לְשַׁקֵּר:

שְׁמַעְיָה וְאַבְטַלְיוֹן קִבְּלוּ מֵהֶם. שְׁמַעְיָה אוֹמֵר, אֱהֹב אֶת הַמְּלָאכָה, וּשְׂנָא אֶת הָרַבָּנוּת, וְאַל תִּתְוַדַּע לָרָשׁוּת:

9

Shimon ben Shatach says, "Examine the witnesses thoroughly, but be careful with your words, lest from them they learn to lie."

10

Shemayah and Avtalyon received from them. Shemayah says, "Love work, hate lordship and do not become familiar with the government."

9

쉬몬 벤 샤타흐가 이르되 "증인을 자세히 심문하라. 거짓말하는 요령을 배우지 않도록 말을 조심하라."

10

슈마야와 아브탈리온은 그들에게서 [전통을] 받았다. 슈마야가 이르기를 "일을 사랑하고 통치권을 혐오하라. 네가 정부에 알려져선 안 된다."

11

אַבְטַלְיוֹן אוֹמֵר, חֲכָמִים, הִזָּהֲרוּ בְדִבְרֵיכֶם, שֶׁמָּא תָחוּבוּ חוֹבַת גָּלוּת וְתִגְלוּ לִמְקוֹם מַיִם הָרָעִים, וְיִשְׁתּוּ הַתַּלְמִידִים הַבָּאִים אַחֲרֵיכֶם וְיָמוּתוּ, וְנִמְצָא שֵׁם שָׁמַיִם מִתְחַלֵּל:

12

הִלֵּל וְשַׁמַּאי קִבְּלוּ מֵהֶם. הִלֵּל אוֹמֵר, הֱוֵי מִתַּלְמִידָיו שֶׁל אַהֲרֹן, אוֹהֵב שָׁלוֹם וְרוֹדֵף שָׁלוֹם, אוֹהֵב אֶת הַבְּרִיּוֹת וּמְקָרְבָן לַתּוֹרָה:

11

Avtalyon says, "Sages, be careful with your words, lest you become obligated in an obligation of exile and are exiled to the place of evil waters, and the students who follow after you will drink, and thus the name of Heaven is profaned."

12

Hillel and Shammai received from them. Hillel says, "Be of the disciples of Aharon, loving peace and pursuing peace, loving the creatures and bringing them closer to Torah."

11

아브탈리온이 이르되 "현인이여, 말을 신중히 하라. 그러지 않으면 강제 추방으로 악한 강이 흐르는 곳에 이르고, 너희를 따르는 제자는 물을 마시고 죽을 것이며 결국에는 하늘의 이름마저 훼손될 것이다."

12

힐렐과 샴마이가 그들에게서 [전통]을 받았다. 힐렐이 이르기를 "아론의 제자가 되라. 평화를 사랑하고 이를 도모하며 이웃을 사랑하고 그들을 토라로 인도하라."

הוּא הָיָה אוֹמֵר, נָגֵד שְׁמָא, אָבֵד שְׁמֵהּ.
וּדְלֹא מוֹסִיף, יָסֵף. וּדְלֹא יָלֵיף, קְטָלָא חַיָּב.
וּדְאִשְׁתַּמֵּשׁ בְּתָגָא, חָלֵף:

הוּא הָיָה אוֹמֵר, אִם אֵין אֲנִי לִי, מִי לִי.
וּכְשֶׁאֲנִי לְעַצְמִי, מָה אֲנִי. וְאִם לֹא עַכְשָׁיו,
אֵימָתַי:

13

He would say, "Spread a name, lose his name. And one who does not increase [knowledge] ceases. And one who does not study is liable to die. And one who makes use of the crown [of learning] passes away."

14

He [Rabbi Hillel] used to say:
If I am not for me, who will be for me?
And when I am for myself alone, what am I?
And if not now, then when?

13

그는 (다음과 같이) 말하곤 했다. "명성을 찾는 자는 명성을 잃을 것이다. 계속 더하지 않는 사람은 중단할 것이다. 배우지 않는 사람은 죽어 마땅하다. 면류관을 이용하는 사람은 세상을 떠날 것이다."

14

그는 (다음과 같이) 말하곤 했다.
내가 자신을 위해 살지 않는다면
누가 나를 위해 살겠는가?
내가 나를 위해 산다면 나는 무엇이겠는가?
지금이 아니라면 언제란 말인가?

15

שַׁמַּאי אוֹמֵר, עֲשֵׂה תוֹרָתְךָ קֶבַע. אֱמֹר מְעַט וַעֲשֵׂה הַרְבֵּה, וֶהֱוֵי מְקַבֵּל אֶת כָּל הָאָדָם בְּסֵבֶר פָּנִים יָפוֹת:

16

רַבָּן גַּמְלִיאֵל הָיָה אוֹמֵר, עֲשֵׂה לְךָ רַב, וְהִסְתַּלֵּק מִן הַסָּפֵק, וְאַל תַּרְבֶּה לְעַשֵּׂר אֹמָדוֹת:

15

Shammai says, "Make your Torah fixed, say little and do much, and receive every person with a pleasant countenance."

16

Rabban Gamliel says, "Make for yourself a mentor, remove yourself from doubt and do not frequently tithe by estimation."

샴마이가 이르기를 "토라를 영원히 연구하라. 적게 말하고 많이 행동하라. 반가운 표정으로 모든 사람을 맞이하라."

라반 감리엘은 말하곤 했다. "몸소 스승을 찾으라. 의심에서 벗어나고 추측에 근거한 십일조를 자주 하지 말라."

פרקי אבות

17

שִׁמְעוֹן בְּנוֹ אוֹמֵר, כָּל יָמַי גָּדַלְתִּי בֵין הַחֲכָמִים, וְלֹא מָצָאתִי לַגּוּף טוֹב אֶלָּא שְׁתִיקָה. וְלֹא הַמִּדְרָשׁ הוּא הָעִקָּר, אֶלָּא הַמַּעֲשֶׂה. וְכָל הַמַּרְבֶּה דְבָרִים, מֵבִיא חֵטְא:

18

רַבָּן שִׁמְעוֹן בֶּן גַּמְלִיאֵל אוֹמֵר, עַל שְׁלֹשָׁה דְבָרִים הָעוֹלָם עוֹמֵד, עַל הַדִּין וְעַל הָאֱמֶת וְעַל הַשָּׁלוֹם, שֶׁנֶּאֱמַר (זכריה ח) אֱמֶת וּמִשְׁפַּט שָׁלוֹם שִׁפְטוּ בְּשַׁעֲרֵיכֶם:

17

Shimon, his son, says, "All my days I grew up among the Sages, and I did not find anything good for the body except silence. And the exposition [of Torah] is not what is essential, but the action. And whoever increases words brings sin."

18

Rabban Shimon ben Gamliel says, "On three things the world stands: on judgment, on truth and on peace, as it is said (Zachariah 8:16), 'Judge truth and the justice of peace in your gates.'"

17

그의 아들 쉬몬이 이르기를 "평생 현인들 가운데서 자라다 보니 침묵보다 육신에 더 유익한 것은 찾지 못했노라. 연구가 아니라 실천이 중요하며 말이 많으면 죄를 범하게 될 것이다."

18

라반 쉬몬 벤 감리엘이 이르되 "세상은 세 덕목 때문에 존재한다. 정의와 진실과 화평을 두고 하는 말이다. 성경에 기록된 바와 같이 "너희 성문에서는 진실하고 의롭고 평화로운 재판을 진행하라(스가랴 8:16)."

תלמוד

פרקי אבות

Chapter 2

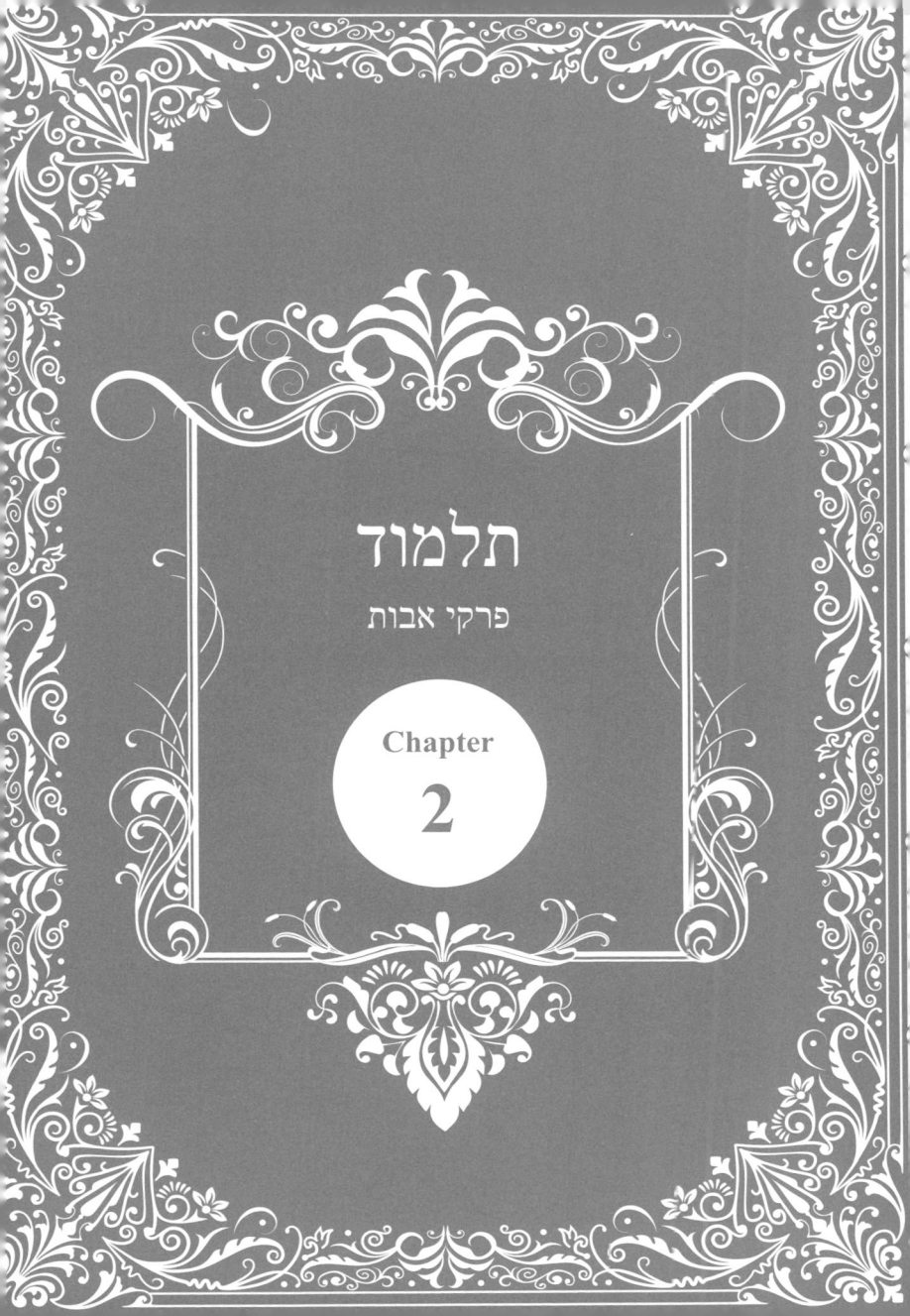

רַבִּי אוֹמֵר, אֵיזוֹהִי דֶרֶךְ יְשָׁרָה שֶׁיָּבֹר לוֹ הָאָדָם, כֹּל שֶׁהִיא תִפְאֶרֶת לְעוֹשֶׂיהָ וְתִפְאֶרֶת לוֹ מִן הָאָדָם. וֶהֱוֵי זָהִיר בְּמִצְוָה קַלָּה כְּבַחֲמוּרָה, שֶׁאֵין אַתָּה יוֹדֵעַ מַתַּן שְׂכָרָן שֶׁל מִצְוֹת. וֶהֱוֵי מְחַשֵּׁב הֶפְסֵד מִצְוָה כְּנֶגֶד שְׂכָרָהּ, וּשְׂכַר עֲבֵרָה כְּנֶגֶד הֶפְסֵדָהּ. וְהִסְתַּכֵּל בִּשְׁלֹשָׁה דְבָרִים וְאִי אַתָּה בָא לִידֵי עֲבֵרָה, דַּע מַה לְמַעְלָה מִמְּךָ, עַיִן רוֹאָה וְאֹזֶן שׁוֹמַעַת, וְכָל מַעֲשֶׂיךָ בַּסֵּפֶר נִכְתָּבִין:

1

Rabbi [Yehuda haNasi] said: Which is the straight path that a person should choose for himself? Whichever [path] that is [itself] praiseworthy for the person adopting [it], And praiseworthy to him from [other] people. And be as careful with a light commandment as with a weighty one, for you do not know the reward given [for the fulfillment] of [the respective] commandments. Also, weigh the loss [that may be sustained through the fulfillment] of a commandment against the reward [that may be obtained] for [fulfilling] it. And [weigh] the gain [that may be obtained through the committing] of a transgression against the loss [that may be sustained] by [committing] it. Keep your eye on three things, and you will not come to sin: Know what is above you: An Eye that sees, and an Ear that hears, and all your deeds are written in a book.

1

랍비[여후다 하나시]가 이르되 "사람이 자신을 위해 선택해야 할 올바른 길은 무엇인가? 명예가 되고, 사람들의 존경을 받을 수 있는 길이면 된다. 가벼운 계명도 무거운 것만큼 신중히 준행하라. 너희가 계명에 따른 상을 알지 못하기 때문이다. 계명의 득실과, 죄의 득실을 따져보라. 세 가지를 명심하라. 그러면 죄를 범하지 않을 것이다. 너희 위에 무엇이 있는지 알라. 보는 눈과, 듣는 귀가 있고 네 일거수일투족이 모두 책에 기록되어 있다."

רַבָּן גַּמְלִיאֵל בְּנוֹ שֶׁל רַבִּי יְהוּדָה הַנָּשִׂיא אוֹמֵר, יָפֶה תַלְמוּד תּוֹרָה עִם דֶּרֶךְ אֶרֶץ, שֶׁיְּגִיעַת שְׁנֵיהֶם מְשַׁכַּחַת עָוֺן. וְכָל תּוֹרָה שֶׁאֵין עִמָּהּ מְלָאכָה, סוֹפָהּ בְּטֵלָה וְגוֹרֶרֶת עָוֺן. וְכָל הָעֲמֵלִים עִם הַצִּבּוּר, יִהְיוּ עֲמֵלִים עִמָּהֶם לְשֵׁם שָׁמַיִם, שֶׁזְּכוּת אֲבוֹתָם מְסַיַּעְתָּן וְצִדְקָתָם עוֹמֶדֶת לָעַד. וְאַתֶּם, מַעֲלֶה אֲנִי עֲלֵיכֶם שָׂכָר הַרְבֵּה כְּאִלּוּ עֲשִׂיתֶם:

2

Rabban Gamliel the son of Rabbi Yehudah HaNasi said: Excellent is the study of the Torah together with a worldly occupation; for the exertion [expended] in both of them causes sin to be forgotten. And all [study of the] Torah in the absence of a worldly occupation comes to nothing in the end and leads to sin. And all who work for the community, let them work for the [sake of the] name of Heaven; for the merit of their ancestors sustains them, And their righteousness (tsidkatam) will endure forever. And as for you [who work for the community, God says:] I credit you with a great reward, as if you [yourselves] had done it [on your own].

2

레베 여후다 하나시의 아들, 라반 감리엘이 이르기를 "토라 연구는 데레흐 에레쯔(생업)를 동반해야 바람직하다. 두 일에 몰두하면 죄가 파기되기 때문이다. 일이 동반되지 않는 토라는 결국 그만 두게 되거나 죄의 자취를 남기게 될 것이다. 공동체를 위한 활동에 전력하는 사람은 모두 하늘을 위한 일을 하게 될 것이다. 선조의 공로가 그들을 돕고 그들의 의로움이 영원히 지속될 것이 때문이다. 하지만 나는 너희가 이를 몸소 행한 것으로 간주하여 커다란 상을 내릴 것이다."

הֱוֵוּ זְהִירִין בָּרָשׁוּת, שֶׁאֵין מְקָרְבִין לוֹ לָאָדָם אֶלָּא לְצֹרֶךְ עַצְמָן. נִרְאִין כְּאוֹהֲבִין בִּשְׁעַת הֲנָאָתָן, וְאֵין עוֹמְדִין לוֹ לָאָדָם בִּשְׁעַת דָּחְקוֹ:

3

Be careful about the government, as they approach a man only when they need him. They seem like good friends in good times, but they don't stay for him in time of his trouble.

3

정부를 조심하라. 그들은 오로지 사리를 위해서만 사람을 잘 대접한다. 사리에 합당할 때는 친구가 되어주는 듯싶다가도 정작 그가 필요할 때는 도와주지 않는다.

פרקי אבות

4

הוּא הָיָה אוֹמֵר, עֲשֵׂה רְצוֹנוֹ כִּרְצוֹנְךָ, כְּדֵי שֶׁיַּעֲשֶׂה רְצוֹנְךָ כִּרְצוֹנוֹ. בַּטֵּל רְצוֹנְךָ מִפְּנֵי רְצוֹנוֹ, כְּדֵי שֶׁיְּבַטֵּל רְצוֹן אֲחֵרִים מִפְּנֵי רְצוֹנֶךָ. הִלֵּל אוֹמֵר, אַל תִּפְרֹשׁ מִן הַצִּבּוּר, וְאַל תַּאֲמִין בְּעַצְמְךָ עַד יוֹם מוֹתְךָ, וְאַל תָּדִין אֶת חֲבֵרְךָ עַד שֶׁתַּגִּיעַ לִמְקוֹמוֹ, וְאַל תֹּאמַר דָּבָר שֶׁאִי אֶפְשָׁר לִשְׁמֹעַ, שֶׁסּוֹפוֹ לְהִשָּׁמַע. וְאַל תֹּאמַר לִכְשֶׁאִפָּנֶה אֶשְׁנֶה, שֶׁמָּא לֹא תִפָּנֶה:

4

He was accustomed to say: Make His [God's] will like your will, so that He will make your will like His will. Nullify your will to His will, so that He will nullify the will of others to your will. Hillel says: Do not separate yourself from the community. Do not believe in yourself until the day of your death. Do not judge your fellow until you come to his place. Do not say something that cannot be heard, for in the end it will be heard. Do not say, "When I will be available I will study [Torah]," lest you never become available.

4

그는 (다음과 같이) 말하곤 했다. "그의 뜻이 너희 뜻과 같이 되게 하라. 그러면 그도 너희의 뜻을 당신의 뜻 같이 만들 것이다. 그의 뜻 앞에서 너희의 뜻을 포기하라. 그러면 그분도 너희 뜻 앞에서 타인의 뜻을 무색케 하실 것이다." 힐렐이 이르기를 "공동체에서 이탈하지 말라. 죽는 날까지 자신을 믿어선 안 된다. 상대의 입장이 되기 전에는 그를 판단하지 말라. 때가 되면 이해할 수 있을 거라는 생각에 이해하지 못하는 것을 말해선 안 된다. '여유가 있을 때 연구하겠다.'라고 말하지 말라. 여유가 아주 없을지도 모르기 때문이다."

5

הוּא הָיָה אוֹמֵר, אֵין בּוּר יְרֵא חֵטְא, וְלֹא עַם הָאָרֶץ חָסִיד, וְלֹא הַבַּיְשָׁן לָמֵד, וְלֹא הַקַּפְּדָן מְלַמֵּד, וְלֹא כָל הַמַּרְבֶּה בִסְחוֹרָה מַחְכִּים. וּבְמָקוֹם שֶׁאֵין אֲנָשִׁים, הִשְׁתַּדֵּל לִהְיוֹת אִישׁ:

6

אַף הוּא רָאָה גֻלְגֹּלֶת אַחַת שֶׁצָּפָה עַל פְּנֵי הַמָּיִם. אָמַר לָהּ, עַל דַּאֲטֵפְתְּ, אַטְפוּךְ. וְסוֹף מְטִיפַיִךְ יְטוּפוּן:

5

He was accustomed to say: A boor cannot fear sin. An ignorant person cannot be pious. A person prone to being ashamed cannot learn. An impatient person cannot teach. Not all who engage in a lot of business become wise. In a place where there is no man, strive to be a man.

6

He also saw a skull that was floating on top of the water. He said (to it): "Since you drowned [others, others] drowned you. And in the end, those that drowned you will be drowned."

그는 (다음과 같이) 말하곤 했다. "시골뜨기는 죄를 두려워할 수 없고 무지한 자는 독실한 신앙인이 될 수 없으며 수줍음이 많은 사람은 배울 수 없으며 인내력이 부족한 사람은 가르칠 수 없으며 사업에 정신을 빼앗긴 사람은 지혜가 자랄 수 없다. 사람이 없는 곳에서 사람이 되도록 애쓰라."

또한 그는 수면에 떠다니는 해골을 보았다. 그가 뼈에게 (그것에) 이르되 "다른 사람을 물에 빠뜨렸기 때문에 네가 익사한 것이다. 결국에는 너를 빠뜨린 자도 익사하게 될 것이다."

ז

הוּא הָיָה אוֹמֵר, מַרְבֶּה בָשָׂר, מַרְבֶּה רִמָּה.
מַרְבֶּה נְכָסִים, מַרְבֶּה דְאָגָה. מַרְבֶּה נָשִׁים,
מַרְבֶּה כְשָׁפִים. מַרְבֶּה שְׁפָחוֹת, מַרְבֶּה זִמָּה.
מַרְבֶּה עֲבָדִים, מַרְבֶּה גָזֵל. מַרְבֶּה תוֹרָה,
מַרְבֶּה חַיִּים. מַרְבֶּה יְשִׁיבָה, מַרְבֶּה חָכְמָה.
מַרְבֶּה עֵצָה, מַרְבֶּה תְבוּנָה. מַרְבֶּה צְדָקָה,
מַרְבֶּה שָׁלוֹם. קָנָה שֵׁם טוֹב, קָנָה לְעַצְמוֹ.
קָנָה לוֹ דִבְרֵי תוֹרָה, קָנָה לוֹ חַיֵּי הָעוֹלָם
הַבָּא:

ז

He was accustomed to say: The more flesh, the more worms. The more possessions, the more worry. The more wives, the more witchcraft. The more maidservants, the more lewdness. The more man-servants, the more theft. The more Torah, the more life. The more sitting [and studying], the more wisdom. The more counsel, the more understanding. The more charity, the more peace. One who has acquired a good name has acquired for himself. One who has acquired words of Torah has acquired for himself the life of the World to Come.

7

그는 (다음과 같이) 말하곤 했다. "살을 찌우는 사람은 구더기도 많아진다. 재산을 늘리는 사람은 걱정도 많아진다. 부인이 많은 사람은 주술도 빈번해진다. 여종이 많은 사람은 음란도 심해진다. 남종이 많은 사람은 도둑질도 많아진다. 토라를 늘리는 사람은 수명도 늘어난다. 학문을 늘리는 사람은 지혜도 늘어난다. 조언을 늘리는 사람은 이해력도 높아진다. 자선을 늘리는 사람은 평화도 증대된다. 명성을 얻은 사람은 자신을 위해 이를 얻은 것이다. 토라의 말씀을 습득한 사람은 내세를 얻은 것이다."

8

רַבָּן יוֹחָנָן בֶּן זַכַּאי קִבֵּל מֵהִלֵּל וּמִשַּׁמַּאי. הוּא הָיָה אוֹמֵר, אִם לָמַדְתָּ תוֹרָה הַרְבֵּה, אַל תַּחֲזִיק טוֹבָה לְעַצְמְךָ, כִּי לְכָךְ נוֹצָרְתָּ. חֲמִשָּׁה תַלְמִידִים הָיוּ לוֹ לְרַבָּן יוֹחָנָן בֶּן זַכַּאי, וְאֵלּוּ הֵן, רַבִּי אֱלִיעֶזֶר בֶּן הוֹרְקְנוֹס, וְרַבִּי יְהוֹשֻׁעַ בֶּן חֲנַנְיָה, וְרַבִּי יוֹסֵי הַכֹּהֵן, וְרַבִּי שִׁמְעוֹן בֶּן נְתַנְאֵל, וְרַבִּי אֶלְעָזָר בֶּן עֲרָךְ. הוּא הָיָה מוֹנֶה שִׁבְחָן. רַבִּי אֱלִיעֶזֶר בֶּן הוֹרְקְנוֹס, בּוֹר סוּד שֶׁאֵינוֹ מְאַבֵּד טִפָּה. רַבִּי יְהוֹשֻׁעַ בֶּן חֲנַנְיָה, אַשְׁרֵי יוֹלַדְתּוֹ. רַבִּי יוֹסֵי הַכֹּהֵן, חָסִיד. רַבִּי שִׁמְעוֹן בֶּן נְתַנְאֵל, יְרֵא חֵטְא. וְרַבִּי אֶלְעָזָר בֶּן עֲרָךְ, מַעְיָן הַמִּתְגַּבֵּר. הוּא הָיָה אוֹמֵר, אִם יִהְיוּ כָל חַכְמֵי יִשְׂרָאֵל בְּכַף מֹאזְנַיִם, וֶאֱלִיעֶזֶר בֶּן הוֹרְקְנוֹס בְּכַף שְׁנִיָּה, מַכְרִיעַ אֶת כֻּלָּם. אַבָּא שָׁאוּל אוֹמֵר מִשְּׁמוֹ, אִם יִהְיוּ כָל חַכְמֵי יִשְׂרָאֵל בְּכַף מֹאזְנַיִם וְרַבִּי אֱלִיעֶזֶר בֶּן הוֹרְקְנוֹס אַף עִמָּהֶם, וְרַבִּי אֶלְעָזָר בֶּן עֲרָךְ בְּכַף שְׁנִיָּה, מַכְרִיעַ אֶת כֻּלָּם:

8

Rabban Yochanan ben Zakkai received [the tradition] from Hillel and Shammai. He used to say: If you have learned a lot of Torah, do not credit it favorably for yourself, because for this you were created. Rabbi Yochanan ben Zakkai had five students: Rabbi Eliezer ben Horkenos, Rabbi Yehoshua ben Chananya, Rabbi Yosi the Priest, Rabbi Shimon ben Netanel, and Rabbi Elazar ben Arakh. He would recount their praises: Rabbi Eliezer ben Horkenos is a pit covered in plaster that does not lose a drop. Rabbi Yehoshua ben Chananya—happy is the one who gave birth to him! Rabbi Yosi the Priest is pious. Rabbi Shimon ben Netanel fears sin. And Rabbi Elazar ben Arakh is an ever-strengthening fountain. He [Rabban Yochanan ben Zakkai] used to say: If all the sages of Israel were on one side of a balance scale, and Rabbi Eliezer ben Horkenos were on the other side, he [Rabbi Eliezer] would outweigh them all. Abba Shaul said in his name that if all the sages of Israel, including Rabbi Eliezer ben Horkenos, were on one side of a balance scale, and Rabbi Elazar ben Arakh were on the other side, he [Rabbi Elazar] would outweigh them all.

8

라반 요하난 벤 자카이는 힐렐과 샴마이에게서 [전통을] 받았다. 그는 (다음과 같이) 말하곤 했다. "토라를 열심히 연구했다손 쳐도 네 공로를 자부해선 안 된다. 그것이 네가 창조된 이유이기 때문이다." 라반 요하난 벤 자카이에게는 다섯 제자가 있었다. 랍비 엘리에제르 벤 후르카노스 랍비 여호수아 벤 하나냐 랍비 요시 하코헨, 랍비 쉬몬 벤 느탄엘 그리고 랍비 엘라자르 벤 아라흐. 그는 아래와 같이 제자들에 대해 칭찬할 바를 열거했다. "랍비 엘리에제르 벤 후르카노스는 물이 한 방울도 새지 않도록 시멘트를 바른 저수지와 같다. 랍비 여호수아 벤 하나냐에 대해 말하자면 그를 낳은 여인은 복이 있도다. 랍비 요시 하코헨은 경건한 사람이다. 랍비 쉬몬 벤 느탄엘은 죄를 두려워하는 사람이다. 그리고 랍비 엘라자르 벤 아라흐는 강하게 솟아오르는 샘과 같다."
그는 (다음과 같이) 말하곤 했다. "이스라엘의 현인을 모두 저울 한쪽에 달고 랍비 엘리에제르 벤 후르카노스를 다른 한쪽에 단다면 그가 다른 현인보다 더 무거울 것이다." 아바 샤울은 [라반 요하난의] 이름으로 말했다. "랍비 엘리에제르 벤 후르카노스와 아울러 이스라엘의 모든 현인을 저울의 한쪽 위에 달고 랍비 엘라자르 벤 아라흐를 다른 쪽에 단다면 그가 다른 현인보다 더 무거울 것이다."

ט

אָמַר לָהֶם, צְאוּ וּרְאוּ אֵיזוֹהִי דֶרֶךְ יְשָׁרָה שֶׁיִּדְבַּק בָּהּ הָאָדָם. רַבִּי אֱלִיעֶזֶר אוֹמֵר, עַיִן טוֹבָה. רַבִּי יְהוֹשֻׁעַ אוֹמֵר, חָבֵר טוֹב. רַבִּי יוֹסֵי אוֹמֵר, שָׁכֵן טוֹב. רַבִּי שִׁמְעוֹן אוֹמֵר, הָרוֹאֶה אֶת הַנּוֹלָד. רַבִּי אֶלְעָזָר אוֹמֵר, לֵב טוֹב. אָמַר לָהֶם, רוֹאֶה אֲנִי אֶת דִּבְרֵי אֶלְעָזָר בֶּן עֲרָךְ מִדִּבְרֵיכֶם, שֶׁבִּכְלָל דְּבָרָיו דִּבְרֵיכֶם. אָמַר לָהֶם צְאוּ וּרְאוּ אֵיזוֹהִי דֶרֶךְ רָעָה שֶׁיִּתְרַחֵק מִמֶּנָּה הָאָדָם. רַבִּי אֱלִיעֶזֶר אוֹמֵר, עַיִן רָעָה. רַבִּי יְהוֹשֻׁעַ אוֹמֵר, חָבֵר רָע. רַבִּי יוֹסֵי אוֹמֵר, שָׁכֵן רָע. רַבִּי שִׁמְעוֹן אוֹמֵר, הַלֹּוֶה וְאֵינוֹ מְשַׁלֵּם. אֶחָד הַלֹּוֶה מִן הָאָדָם, כְּלֹוֶה מִן הַמָּקוֹם בָּרוּךְ הוּא, שֶׁנֶּאֱמַר (תהלים לז) לֹוֶה רָשָׁע וְלֹא יְשַׁלֵּם, וְצַדִּיק חוֹנֵן וְנוֹתֵן. רַבִּי אֶלְעָזָר אוֹמֵר, לֵב רָע. אָמַר לָהֶם, רוֹאֶה אֲנִי אֶת דִּבְרֵי אֶלְעָזָר בֶּן עֲרָךְ מִדִּבְרֵיכֶם, שֶׁבִּכְלָל דְּבָרָיו דִּבְרֵיכֶם:

He said to them: Go out and see what is a straight path that a person should cling to. Rabbi Eliezer says: A good eye. Rabbi Yehoshua says: A good friend. Rabbi Yosi says: A good neighbor. Rabbi Shimon says: Seeing the consequences of one's actions. Rabbi Elazar says: A good heart. He said to them: I see the words of Rabbi Elazar ben Arakh [as better than] all of yours, because your words are included in his. He said to them: Go out and see what is an evil path that a person should distance himself from. Rabbi Eliezer says: A bad eye. Rabbi Yehoshua says: A bad friend. Rabbi Yosi says: A bad neighbor. Rabbi Shimon says: One who borrows but does not repay. Borrowing from a person is like borrowing from the Omnipresent blessed be He, as it says (Psalms 37:21) "The wicked borrow and do not repay, but the righteous one gives graciously." Rabbi Elazar says: A bad heart. He said to them: I see the words of Rabbi Elazar ben Arakh [as better than] all of yours, for your words are included in his.

פרקי אבות

9

[라반 요하난 벤 자카이가] 그들에게 이르기를 "너희는 가서 사람이 꾸준히 따라야 할 바른 길이 무엇인지 살펴보라." 랍비 엘리에제르는 "선한 눈"이라 하고 랍비 여호수아는 "선한 벗"이라 하며 랍비 요시는 "선한 이웃"이라 하며 랍비 쉬몬은 "미래를 내다볼 줄 아는 사람"이라 하며 랍비 엘라자르는 "선한 마음"이라고 말한다. 이때 그가 제자들에게 말했다. "너희보다 엘라자르 벤 아라흐의 말이 더 마음에 든다. 너희의 말은 이미 그의 말에 들어있기 때문이다." [그런 후] 그가 제자들에게 이르되 "너희는 가서 사람이 피해야 할, 악한 길이 무엇인지 살펴보라." 랍비 엘리에제르는 "악한 눈"이라 하고 랍비 여호수아는 "악한 벗"이라 하며 랍비 요시는 "악한 이웃"이라 하며 랍비 쉬몬은 "빚진 것을 갚지 않는 사람(사람에게든, 하나님[마콤]께든)"이라 했다. 성경에 기록된 바와 같이, "악인은 꾸고 갚지 아니하나, 의인은 은혜를 베풀고 주는 도다(시편 37:21)." 랍비 엘라자르는 "악한 마음"이라고 말한다. 이때 그가 제자들에게 말한다. "너희보다 엘라자르 벤 아라흐의 말이 더 마음에 든다. 너희의 말은 이미 그의 말에 들어있기 때문이다."

10

הֵם אָמְרוּ שְׁלֹשָׁה דְבָרִים. רַבִּי אֱלִיעֶזֶר אוֹמֵר, יְהִי כְבוֹד חֲבֵרְךָ חָבִיב עָלֶיךָ כְּשֶׁלָּךְ, וְאַל תְּהִי נוֹחַ לִכְעֹס. וְשׁוּב יוֹם אֶחָד לִפְנֵי מִיתָתְךָ. וֶהֱוֵי מִתְחַמֵּם כְּנֶגֶד אוּרָן שֶׁל חֲכָמִים, וֶהֱוֵי זָהִיר בְּגַחַלְתָּן שֶׁלֹּא תִכָּוֶה, שֶׁנְּשִׁיכָתָן נְשִׁיכַת שׁוּעָל, וַעֲקִיצָתָן עֲקִיצַת עַקְרָב, וּלְחִישָׁתָן לְחִישַׁת שָׂרָף, וְכָל דִּבְרֵיהֶם כְּגַחֲלֵי אֵשׁ:

10

They said three things. Rabbi Eliezer says: The honor of your friend should be as dear to you as your own, and do not be easy to anger, and repent one day before your death. And warm yourself by the fire of the Sages, but be cautious around their coals that you should not be burned, for their bite is the bite of a fox, and their sting is the sting of a scorpion, and their hiss is the hiss of a Seraph, and all of their words are like burning coals.

(10)

그들은 [각각] 세 가지를 말했다. 랍비 엘리에제르가 이르되 "자신이 바라는 만큼 상대도 똑같이 존중하라. 쉽게 화를 내지 말라. 죽기 전날 회개하라. 현인의 불로 몸을 녹이되, 석탄에 화상을 입지 않도록 주의하라. 그들은 여우가 무는 것처럼 물고 그들은 전갈이 쏘는 것처럼 쏘며 그들의 독은 뱀의 독과 같으며 그들의 모든 말은 타오르는 석탄과 같기 때문이다."

11

רַבִּי יְהוֹשֻׁעַ אוֹמֵר, עַיִן הָרָע, וְיֵצֶר הָרָע, וְשִׂנְאַת הַבְּרִיּוֹת, מוֹצִיאִין אֶת הָאָדָם מִן הָעוֹלָם:

12

רַבִּי יוֹסֵי אוֹמֵר, יְהִי מָמוֹן חֲבֵרְךָ חָבִיב עָלֶיךָ כְּשֶׁלָּךְ, וְהַתְקֵן עַצְמְךָ לִלְמֹד תּוֹרָה, שֶׁאֵינָהּ יְרֻשָּׁה לָךְ. וְכָל מַעֲשֶׂיךָ יִהְיוּ לְשֵׁם שָׁמָיִם:

11

Rabbi Yehoshua says: The evil eye, the evil inclination, and hatred of the creations remove a person from the world.

12

Rabbi Yosi says: The money of your friend should be as dear to you as your own. Prepare yourself to study Torah, for it is not an inheritance for you. All of your actions should be for the sake of Heaven.

랍비 여호수아가 이르되 "악한 눈과 악한 본성 그리고 사람들의 증오는 사람을 세상 밖으로 내몬다."

랍비 요시가 이르기를 "너희 돈이 소중하듯 남의 돈도 소중히 여기라. 토라 연구에 전념하라. 상속으로 얻는 것이 아니기 때문이다. 무슨 일이든 하늘을 위하여 하라."

רַבִּי שִׁמְעוֹן אוֹמֵר, הֱוֵי זָהִיר בִּקְרִיאַת שְׁמַע וּבַתְּפִלָּה. וּכְשֶׁאַתָּה מִתְפַּלֵּל, אַל תַּעַשׂ תְּפִלָּתְךָ קֶבַע, אֶלָּא רַחֲמִים וְתַחֲנוּנִים לִפְנֵי הַמָּקוֹם בָּרוּךְ הוּא, שֶׁנֶּאֱמַר (יואל ב) כִּי חַנּוּן וְרַחוּם הוּא אֶרֶךְ אַפַּיִם וְרַב חֶסֶד וְנִחָם עַל הָרָעָה. וְאַל תְּהִי רָשָׁע בִּפְנֵי עַצְמְךָ:

13

Rabbi Shimon says: Be careful in the reciting of Shema (and praying). When you pray, do not make your prayer fixed, rather prayers for mercy and supplication before the Omnipresent, blessed be He, as it says(Joel 2, 13), "For He is gracious and merciful, long-suffering and full of kindness, and repents of the evil." And do not be wicked in your own eyes.

13

랍비 쉬몬이 이르되 "쉐마를 낭독하고 기도하는 일에 신중하라. 기도할 때, 기도가 부담이 되어서는 안 되며 하나님 앞에서 동정을 위한 간구가 되어야 할 것이다. 성경에 기록된 바와 같이 '그는 은혜로우시며 자비로우시며 노하기를 더디하시며 인애가 크시사 재앙을 후회하시나니(요엘 2:13).' 또한 네 눈에 악이 있어서는 안 된다."

רַבִּי אֶלְעָזָר אוֹמֵר, הֱוֵי שָׁקוּד לִלְמֹד תּוֹרָה, וְדַע מַה שֶּׁתָּשִׁיב לָאֶפִּיקוֹרוֹס. וְדַע לִפְנֵי מִי אַתָּה עָמֵל. וְנֶאֱמָן הוּא בַעַל מְלַאכְתְּךָ שֶׁיְּשַׁלֶּם לָךְ שְׂכַר פְּעֻלָּתֶךָ:

רַבִּי טַרְפוֹן אוֹמֵר, הַיּוֹם קָצָר וְהַמְּלָאכָה מְרֻבָּה, וְהַפּוֹעֲלִים עֲצֵלִים, וְהַשָּׂכָר הַרְבֵּה, וּבַעַל הַבַּיִת דּוֹחֵק:

14

Rabbi Elazar says: Be diligent in learning Torah, and know what to respond to one who denigrates the Torah. Know before Whom you labor–the Master of your work is trustworthy to pay you the wage for your activity.

15

Rabbi Tarfon said: The day is short and the work is much, and the workers are lazy and the reward is great, and the Master of the house is pressing.

랍비 엘라자르가 이르되 "토라 연구에 대한 열정이 식어선 안 된다. 아피코루스에 대응할 방편을 머릿속에 마련해두라. 누구 앞에서 수고하는지 알며, 네 고용주가 누구인지 [알라] 대가를 지급하실 분이다."

랍비 타르폰이 이르되 "날은 짧고, 일은 많고 일꾼은 게으르되 대가는 크다. 그 집의 고용주는 다급하다."

הוּא הָיָה אוֹמֵר, לֹא עָלֶיךָ הַמְּלָאכָה לִגְמֹר, וְלֹא אַתָּה בֶן חוֹרִין לִבָּטֵל מִמֶּנָּה. אִם לָמַדְתָּ תוֹרָה הַרְבֵּה, נוֹתְנִים לְךָ שָׂכָר הַרְבֵּה. וְנֶאֱמָן הוּא בַּעַל מְלַאכְתְּךָ שֶׁיְּשַׁלֵּם לְךָ שְׂכַר פְּעֻלָּתֶךָ. וְדַע מַתַּן שְׂכָרָן שֶׁל צַדִּיקִים לֶעָתִיד לָבֹא:

16

He used to say: It is not your responsibility to finish the work, but neither are you free to desist from it. If you have learned much Torah, your reward will be much; and the Master of your work is trustworthy to pay you the wage for your activity. And know, the giving of reward to the righteous is in the future to come.

16

[랍비 타르폰]은 (다음과 같이) 말하곤 했다. "일을 완수해야 할 의무는 없으나 그만둘 자유도 없다. 토라를 많이 연구했다면 큰 상을 받을 것이다. 고용주가 일의 대가를 지급한다는 것은 믿어도 좋다. 의인의 대가는 나중에 받게 되리라는 것을 명심하라."

תלמוד

פרקי אבות

Chapter 3

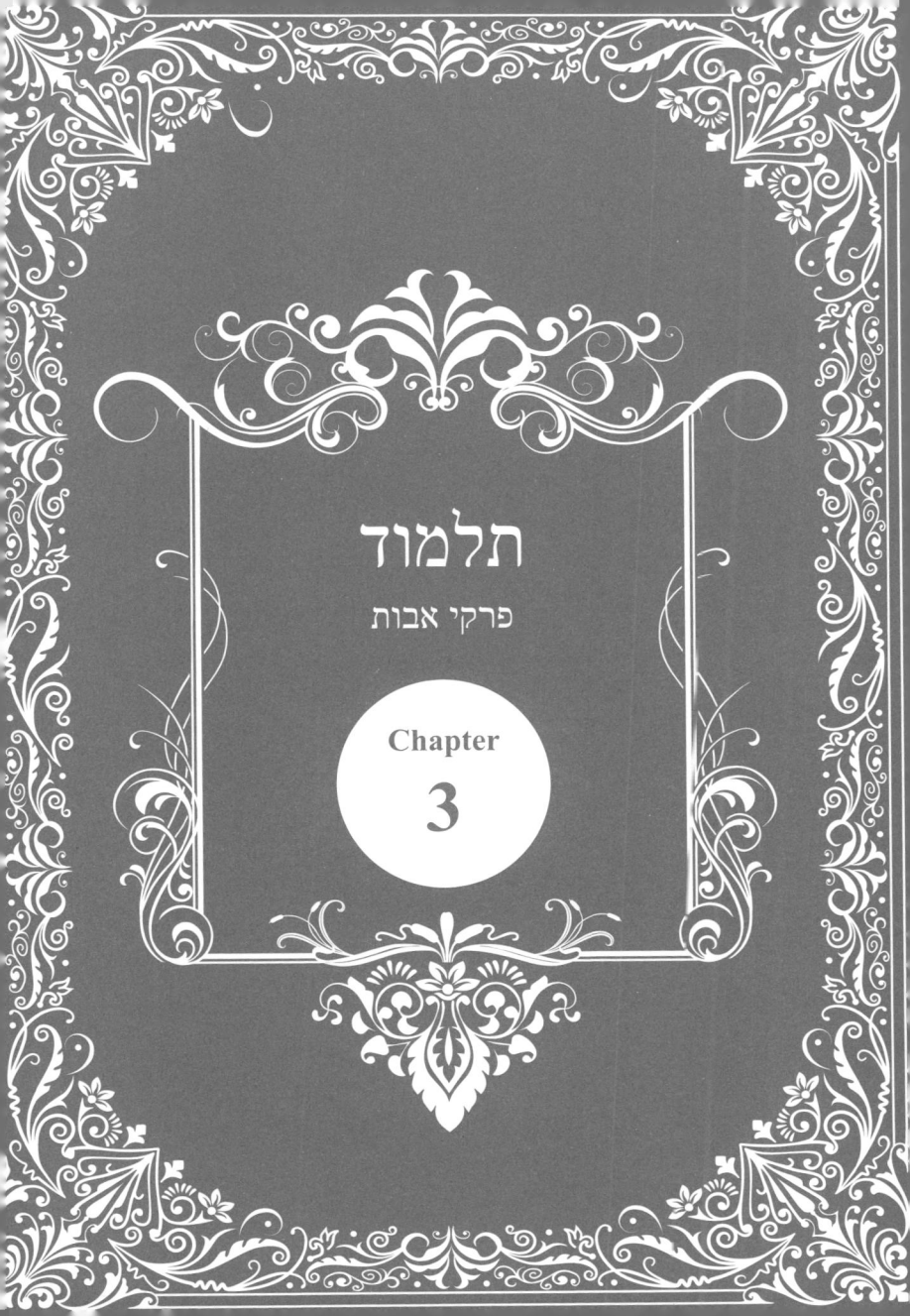

1

עֲקַבְיָא בֶן מַהֲלַלְאֵל אוֹמֵר, הִסְתַּכֵּל בִּשְׁלֹשָׁה דְבָרִים וְאִי אַתָּה בָא לִידֵי עֲבֵרָה. דַּע מֵאַיִן בָּאתָ, וּלְאָן אַתָּה הוֹלֵךְ, וְלִפְנֵי מִי אַתָּה עָתִיד לִתֵּן דִּין וְחֶשְׁבּוֹן. מֵאַיִן בָּאתָ, מִטִּפָּה סְרוּחָה, וּלְאָן אַתָּה הוֹלֵךְ, לִמְקוֹם עָפָר רִמָּה וְתוֹלֵעָה. וְלִפְנֵי מִי אַתָּה עָתִיד לִתֵּן דִּין וְחֶשְׁבּוֹן, לִפְנֵי מֶלֶךְ מַלְכֵי הַמְּלָכִים הַקָּדוֹשׁ בָּרוּךְ הוּא:

1

Akavia ben Mahalalel says: Keep your eye on three things, and you will not come to sin: Know from where you came, and to where you are going, and before Whom you are destined to give an account and a reckoning. From where did you come? From a putrid drop. And to where are you going? To a place of dust, worms, and maggots. And before Whom are you destined to give an account and a reckoning? Before the King of kings, the Holy One, blessed be He.

/ 1 \

아카브야 벤 마할랄렐이 이르기를 "세 가지를 주의하라. 그러면 너희는 죄에 이르지 않을 것이다. 즉, 너희가 어디에서 왔고 어디로 가고 있는지, 그리고 누구 앞에서 해명을 하고 결산을 치르게 될지 알라. 너희는 어디에서 왔는가? 썩은 물방울에서 왔다. 어디로 가고 있는가? 먼지와 벌레와 구더기가 있는 곳으로 가고 있다. 그러면 누구 앞에서 해명을 하고 결산을 치를 것인가? 왕의 왕이시며, 거룩하시고 복되신 분 앞에서 그럴 것이다."

פרקי אבות

רַבִּי חֲנִינָא סְגַן הַכֹּהֲנִים אוֹמֵר, הֱוֵי מִתְפַּלֵּל בִּשְׁלוֹמָהּ שֶׁל מַלְכוּת, שֶׁאִלְמָלֵא מוֹרָאָהּ, אִישׁ אֶת רֵעֵהוּ חַיִּים בְּלָעוֹ. רַבִּי חֲנִינָא בֶּן תְּרַדְיוֹן אוֹמֵר, שְׁנַיִם שֶׁיּוֹשְׁבִין וְאֵין בֵּינֵיהֶן דִּבְרֵי תוֹרָה, הֲרֵי זֶה מוֹשַׁב לֵצִים, שֶׁנֶּאֱמַר (תהלים א) וּבְמוֹשַׁב לֵצִים לֹא יָשָׁב. אֲבָל שְׁנַיִם שֶׁיּוֹשְׁבִין וְיֵשׁ בֵּינֵיהֶם דִּבְרֵי תוֹרָה, שְׁכִינָה שְׁרוּיָה בֵּינֵיהֶם, שֶׁנֶּאֱמַר (מלאכי ג) אָז נִדְבְּרוּ יִרְאֵי יְיָ אִישׁ אֶל רֵעֵהוּ וַיַּקְשֵׁב יְיָ וַיִּשְׁמָע וַיִּכָּתֵב סֵפֶר זִכָּרוֹן לְפָנָיו לְיִרְאֵי יְיָ וּלְחֹשְׁבֵי שְׁמוֹ. אֵין לִי אֶלָּא שְׁנַיִם, מִנַּיִן שֶׁאֲפִלּוּ אֶחָד שֶׁיּוֹשֵׁב וְעוֹסֵק בַּתּוֹרָה, שֶׁהַקָּדוֹשׁ בָּרוּךְ הוּא קוֹבֵעַ לוֹ שָׂכָר, שֶׁנֶּאֱמַר (איכה ג) יֵשֵׁב בָּדָד וְיִדֹּם כִּי נָטַל עָלָיו:

2

Rabbi Chanina, the Deputy High Priest, says: Pray for the welfare of the government, for were it not for the fear of it, man would swallow his fellow alive. Rabbi Chananya ben Teradyon says: Two who are sitting together and there are no words of Torah [spoken] between them, this is a session of scorners, as it is said (Psalms 1:1): "[Happy is the man who has]... not sat in the session of the scorners." But two who are sitting together and there are words of Torah [spoken] between them, the Divine Presence rests with them, as it is said (Malachi 3:16): "Then those who feared the Lord spoke one with another, and the Lord hearkened and heard, and a book of remembrance was written before Him, for those who feared the Lord and for those who thought upon His Name." I have no [Scriptural support for this] except [in a case of] two. From where [is there proof that] that even [when there is only] one [person studying Torah], the Holy One, blessed be He, determines a reward for him? As it is said (Lamentations 3:28): "He sits alone and is silent, since he takes [a reward] for it."

2

부대제사장 랍비 하나냐가 이르기를 "정부의 안녕을 위해 기도하라. 백성이 정부를 두려워하지 않는다면 그는 이웃을 산 채로 삼켜버릴 것이다." 랍비 하나냐 벤 트라디온이 이르기를, "두 사람이 함께 앉아있으되 그들 가운데 토라의 말씀이 없다고 치자. 오만한 자의 자리란 이를 두고 하는 말이다. 성경에 기록된바와 같이 '[복 있는 사람은]...... 오만한 자의 자리에 앉지 아니한다(시편1:1).' 그러나 두 사람이 함께 앉아있고 그들 가운데 토라의 말씀이 있다면 신이 그들 가운데 임재할 것이다. 성경에 기록된바와 같이 '그 때에 여호와를 경외하는 자들이 피차에 말하매 여호와께서 그것을 분명히 들으시고 여호와를 경외하는 자와 그 이름을 존중히 여기는 자를 위하여 여호와 앞에 있는 기념책에 기록하셨느니라(말라기3:16).' 앞선 두 구절 외에 [본문을 뒷받침하는 구절은] 없다. [토라를 연구하는] 사람이 [단 하나뿐이라 해도] 거룩하시고 복되신 하나님이 그에게 상급을 결정하신다는 [증거는] 어디에서 찾을 수 있는가? 기록된바 '혼자 앉아서 잠잠할 것은 그것을 [상급으로] 얻었기 때문이라(애가3:28).'"

רַבִּי שִׁמְעוֹן אוֹמֵר, שְׁלֹשָׁה שֶׁאָכְלוּ עַל שֻׁלְחָן אֶחָד וְלֹא אָמְרוּ עָלָיו דִּבְרֵי תוֹרָה, כְּאִלּוּ אָכְלוּ מִזִּבְחֵי מֵתִים, שֶׁנֶּאֱמַר (ישעיה כח) כִּי כָּל שֻׁלְחָנוֹת מָלְאוּ קִיא צֹאָה בְּלִי מָקוֹם. אֲבָל שְׁלֹשָׁה שֶׁאָכְלוּ עַל שֻׁלְחָן אֶחָד וְאָמְרוּ עָלָיו דִּבְרֵי תוֹרָה, כְּאִלּוּ אָכְלוּ מִשֻּׁלְחָנוֹ שֶׁל מָקוֹם בָּרוּךְ הוּא, שֶׁנֶּאֱמַר (יחזקאל מא) וַיְדַבֵּר אֵלַי זֶה הַשֻּׁלְחָן אֲשֶׁר לִפְנֵי ה':

3

Rabbi Shimon says: Three who ate at one table and did not say upon it words of Torah—it is as if they ate from the offerings of the dead, as it is said (Isaiah 28:8): "For all of the tables are full of vomit and feces without the Omnipresent." However, three who ate at one table and said upon it words of Torah—it is as if they ate from the table of the Omnipresent, blessed be He, as it is said (Ezekiel 41:22): "And he said to me, this is the table that is before the Lord."

(3)

랍비 쉬몬이 이르기를 "한 상에서 세 사람이 식사를 하되 상에서 토라의 말씀이 없다면 죽은 우상의 제물을 먹는 것과 같다. 성경에 기록된바와 같이 '무소부재하신 하나님이 없다면 모든 상에는 토한 것, 더러운 것이 가득하고 깨끗한 곳이 없도다(이사야 28:8).' 그러나 같은 상에서 세 사람이 식사할 때 상에 토라의 말씀이 있다면 무소부재하시고 복되신 하나님의 상에서 식사하는 것과 같다. 기록된바 '그가 내게 이르되 이는 여호와의 앞의 상이라 하더라(에스겔 41:22).'"

רַבִּי חֲנִינָא בֶן חֲכִינַאי אוֹמֵר, הַנֵּעוֹר בַּלַּיְלָה וְהַמְהַלֵּךְ בַּדֶּרֶךְ יְחִידִי וְהַמְפַנֶּה לִבּוֹ לְבַטָּלָה, הֲרֵי זֶה מִתְחַיֵּב בְּנַפְשׁוֹ:

רַבִּי נְחוּנְיָא בֶּן הַקָּנָה אוֹמֵר, כָּל הַמְקַבֵּל עָלָיו עֹל תּוֹרָה, מַעֲבִירִין מִמֶּנּוּ עֹל מַלְכוּת וְעֹל דֶּרֶךְ אֶרֶץ. וְכָל הַפּוֹרֵק מִמֶּנּוּ עֹל תּוֹרָה, נוֹתְנִין עָלָיו עֹל מַלְכוּת וְעֹל דֶּרֶךְ אֶרֶץ:

4

Rabbi Chananya ben Chakhinai says: One who stays awake at night, and one who wanders on a road alone, and one who turns his heart to idleness, such a one is liable for [forfeiture of] his life.

5

Rabbi Nechunya ben Hakanah says: Anyone who accepts the yoke of Torah upon himself, they lift from him the yoke of government and the yoke of the way of the world (derekh erets). And anyone who casts from himself the yoke of Torah, they place upon him the yoke of government and the yoke of the way of the world (derekh erets).

랍비 하나냐 벤 하키나이가 이르기를 "밤에 깨어있고, 길어서 홀로 유랑하며, 나태함으로 마음을 돌린 자에게는 인생을 [상실한] 책임이 있다."

랍비 너후냐 벤 하카나가 이르기를 "토라의 멍에를 스스로 짊어지는 자는 그들이 정부의 멍에와 세상적인 책임(데레흐 에레쯔)을 덜어줄 것이다. 그러나 토라의 멍에를 내던지는 자는 그들이 정부의 멍에와 세상적인 책임(데레흐 에레쯔)을 그에게 씌울 것이다."

רַבִּי חֲלַפְתָּא בֶּן דּוֹסָא אִישׁ כְּפַר חֲנַנְיָה אוֹמֵר, עֲשָׂרָה שֶׁיּוֹשְׁבִין וְעוֹסְקִין בַּתּוֹרָה, שְׁכִינָה שְׁרוּיָה בֵּינֵיהֶם, שֶׁנֶּאֱמַר (תהלים פב) אֱלֹהִים נִצָּב בַּעֲדַת אֵל. וּמִנַּיִן אֲפִלּוּ חֲמִשָּׁה, שֶׁנֶּאֱמַר (עמוס ט) וַאֲגֻדָּתוֹ עַל אֶרֶץ יְסָדָהּ. וּמִנַּיִן אֲפִלּוּ שְׁלֹשָׁה, שֶׁנֶּאֱמַר (תהלים פב) בְּקֶרֶב אֱלֹהִים יִשְׁפֹּט. וּמִנַּיִן אֲפִלּוּ שְׁנַיִם, שֶׁנֶּאֱמַר (מלאכי ג) אָז נִדְבְּרוּ יִרְאֵי ה' אִישׁ אֶל רֵעֵהוּ וַיַּקְשֵׁב ה' וַיִּשְׁמָע וְגוֹ'. וּמִנַּיִן אֲפִלּוּ אֶחָד, שֶׁנֶּאֱמַר (שמות כ) בְּכָל הַמָּקוֹם אֲשֶׁר אַזְכִּיר אֶת שְׁמִי אָבֹא אֵלֶיךָ וּבֵרַכְתִּיךָ:

6

Rabbi Chalafta [ben Dosa] of Kfar Chananiah says: Ten who are sitting together and engaging in Torah, the Divine Presence rests among them, as it is said (Psalms 82:1): "God stands in the congregation of God." And from where [is there proof that this is true] even [when there are only] five? As it is said (Amos 9:6): "And He has founded His band upon the earth." And from where even three? As it is said (Psalms 82:1): "In the midst of judges He judges." And from where even two? As it is said (Malachi 3:16): "Then those who feared the Lord spoke one with another, and the Lord hearkened and heard." And from where even one? As it is said (Exodus 20:20(20:21 in NJPS)): "In every place where I cause My Name to be mentioned I will come to you and bless you."

6

크파르 하나냐의 랍비 할라프타 벤 도사가 이르기를 "열 사람이 함께 앉아 토라 연구에 몰입하고 있다면 하나님이 그들 가운데 거하실 것이다. 기록된바와 같이 '하나님은 신들의 모임 가운데에 서시며 하나님은 그들 가운데에서 재판하시느니라(시편82:1).' 그렇다면 다섯[뿐이라도 하나님이 그들 가운데 거하시리라는 증거는] 어디에서 찾을 수 있는가? 성경에 기록된바와 같이 '그의 궁창의 기초를 땅에 두셨다(아모스9:6).' 셋이라면 어디에서 찾을 수 있는가? 기록된바 '하나님은 판관들 가운데에서 재판하시느니라(시편82:1).' 둘이라면 어디에서 찾을 수 있는가? 성경에 기록된바와 같이 '여호와를 경외하는 자들이 피차에 말하매 여호와께서 그것을 분명히 들으셨다(말라기3:16).' 단 한 사람이라면 어디에서 찾을 수 있는가? 기록된바와 같이 '내가 내 이름을 기념하게 하는 모든 곳에서 네게 임하여 복을 주리라(출애굽기20:24).'"

ז

רַבִּי אֶלְעָזָר אִישׁ בַּרְתּוֹתָא אוֹמֵר, תֶּן לוֹ מִשֶּׁלּוֹ, שֶׁאַתָּה וְשֶׁלְּךָ שֶׁלּוֹ. וְכֵן בְּדָוִד הוּא אוֹמֵר (דברי הימים א כט) כִּי מִמְּךָ הַכֹּל וּמִיָּדְךָ נָתַנּוּ לָךְ. רַבִּי שִׁמְעוֹן אוֹמֵר, הַמְהַלֵּךְ בַּדֶּרֶךְ וְשׁוֹנֶה, וּמַפְסִיק מִמִּשְׁנָתוֹ וְאוֹמֵר, מַה נָּאֶה אִילָן זֶה וּמַה נָּאֶה נִיר זֶה, מַעֲלֶה עָלָיו הַכָּתוּב כְּאִלּוּ מִתְחַיֵּב בְּנַפְשׁוֹ:

7

Rabbi Elazar, man of Bartuta, says: Give Him from what is His, for you and yours are His, and thus with David it says, "For all comes from You, and from Your hand we have given to You" (I Chronicles 29:14). Rabbi Shimon says: He who is walking on the way and repeating his studies, and interrupts his studies and says, "How lovely is this tree! And how lovely is this newly plowed field!"—Scripture considers him as if he is liable for [forfeiture of] his life.

7

바르토타의 랍비 엘라자르가 이르기를 "하나님의 소유에서 나온 것을 그분께 드리라. 너와 네 재산도 하나님의 것이기 때문이다. 그래서 다윗은 이렇게 말했다. '모든 것이 주께로 말미암았사오니 우리가 주의 손에서 받은 것으로 주께 드렸을 뿐이니이다(역대상29:14).'" 랍비 쉬몬이 이르되 "길을 걸으며 [토라에 대해] 연구한 바를 복습하다가 이를 중단하고는 '나무가 참 아름답도다! 새로 기경된 밭은 또 얼마나 멋진가!'라며 탄성을 지르는 사람을 가리켜 성경은 인생을 [상실한] 책임이 있다고 간주한다."

רַבִּי דּוֹסְתַּאי בְּרַבִּי יַנַּאי מִשּׁוּם רַבִּי מֵאִיר אוֹמֵר, כָּל הַשּׁוֹכֵחַ דָּבָר אֶחָד מִמִּשְׁנָתוֹ, מַעֲלֶה עָלָיו הַכָּתוּב כְּאִלּוּ מִתְחַיֵּב בְּנַפְשׁוֹ, שֶׁנֶּאֱמַר (דברים ד) רַק הִשָּׁמֶר לְךָ וּשְׁמֹר נַפְשְׁךָ מְאֹד פֶּן תִּשְׁכַּח אֶת הַדְּבָרִים אֲשֶׁר רָאוּ עֵינֶיךָ. יָכוֹל אֲפִלּוּ תָקְפָה עָלָיו מִשְׁנָתוֹ, תַּלְמוּד לוֹמַר (שם) וּפֶן יָסוּרוּ מִלְּבָבְךָ כֹּל יְמֵי חַיֶּיךָ, הָא אֵינוֹ מִתְחַיֵּב בְּנַפְשׁוֹ עַד שֶׁיֵּשֵׁב וִיסִירֵם מִלִּבּוֹ:

8

Rabbi Dostai beRebbe Yannai in the name of Rabbi Meir says: Anyone who forgets one thing from his studies—Scripture considers him as if he is liable for [forfeiture of] his life, as it is said (Deuteronomy 4:9): "Only guard yourself, and guard your life diligently, lest you forget the things which your eyes saw." One could [suppose this statement applies to] even one whose studies have overpowered him; therefore, the verse says, "and lest they depart from your heart all the days of your life"—he is not liable for [forfeiture of] his life until he sits down and [intentionally] removes them from his heart.

8

랍비 도스타이 버레베 야나이는 랍비 메이르의 이름으로 이르기를 "토라의 가르침 중 하나를 잊은 사람에 대해 성경은 인생을 [상실한] 책임이 있다고 간주한다. 기록된바와 같이 '너는 스스로 삼가며 네 마음을 힘써 지키라. 그리하여 네가 눈으로 본 그 일을 잊어버리지 말라(신명기4:9).' 토라의 가르침이 지나치게 어려운 탓에 잊은 사람에게도 [이 구절이 적용된다는 점을] 알 수 있다. 때문에 본문은 '네가 생존하는 날 동안에 그 일들이 네 마음에서 떠나지 않도록 조심하라(신명기4:9)'라고 덧붙인 것이다. 그가 앉아 [고의로] 마음에서 가르침을 제거하기 전에는 인생을 [상실한] 책임이 없다."

רַבִּי חֲנִינָא בֶן דּוֹסָא אוֹמֵר, כָּל שֶׁיִּרְאַת חֶטְאוֹ קוֹדֶמֶת לְחָכְמָתוֹ, חָכְמָתוֹ מִתְקַיֶּמֶת. וְכָל שֶׁחָכְמָתוֹ קוֹדֶמֶת לְיִרְאַת חֶטְאוֹ, אֵין חָכְמָתוֹ מִתְקַיֶּמֶת. הוּא הָיָה אוֹמֵר, כָּל שֶׁמַּעֲשָׂיו מְרֻבִּין מֵחָכְמָתוֹ, חָכְמָתוֹ מִתְקַיֶּמֶת. וְכָל שֶׁחָכְמָתוֹ מְרֻבָּה מִמַּעֲשָׂיו, אֵין חָכְמָתוֹ מִתְקַיֶּמֶת:

9

Rabbi Chanina ben Dosa says: Anyone whose fear of sin precedes his wisdom, his wisdom endures. And anyone whose wisdom precedes his fear of sin, his wisdom does not endure. He would [also] say: Anyone whose actions are more plentiful than his wisdom, his wisdom endures. And anyone whose wisdom is more plentiful than his actions, his wisdom does not endure.

פרקי אבות

9

랍비 하니나 벤 도사가 이르되 "죄에 대한 두려움이 지혜를 우선하는 자는 지혜가 오래갈 것이다. 그러나 죄에 대한 두려움보다 지혜가 앞서는 자의 지혜는 오래가지 못할 것이다." 그가 덧붙이기를 "행위가 지혜보다 많은 자는 지혜가 오래갈 것이다. 그러나 지혜가 행위보다 더 많은 자의 지혜는 오래가지 못할 것이다."

הוּא הָיָה אוֹמֵר, כָּל שֶׁרוּחַ הַבְּרִיּוֹת נוֹחָה הֵימֶנּוּ, רוּחַ הַמָּקוֹם נוֹחָה הֵימֶנּוּ. וְכָל שֶׁאֵין רוּחַ הַבְּרִיּוֹת נוֹחָה הֵימֶנּוּ, אֵין רוּחַ הַמָּקוֹם נוֹחָה הֵימֶנּוּ. רַבִּי דוֹסָא בֶן הַרְכִּינַס אוֹמֵר, שֵׁנָה שֶׁל שַׁחֲרִית, וְיַיִן שֶׁל צָהֳרַיִם, וְשִׂיחַת הַיְלָדִים, וִישִׁיבַת בָּתֵּי כְנֵסִיּוֹת שֶׁל עַמֵּי הָאָרֶץ, מוֹצִיאִין אֶת הָאָדָם מִן הָעוֹלָם:

10

He would say: Anyone from whom the spirit of creations find pleasure, from him the spirit of God finds pleasure. And anyone from whom the spirit of creations do not find pleasure, from him the spirit of God does not find pleasure. Rabbi Dosa ben Harkinus says: [Late] morning sleep, midday wine, chatter of children, and sitting in the assembly houses of the Am Ha'arets(unlearned people, who are lax in observing tithes and purity laws) remove a person from the world.

10

그는 다음과 같이 말하곤 했다. "사람의 영이 즐거워하는 자는 하나님의 영이 그에게서 즐거움을 찾으나, 사람의 영이 즐거워하지 않는 자는 하나님의 영도 그에게서 즐거움을 찾지 않을 것이다." 랍비 도사 벤 하르키나스가 이르기를 "[늦은] 아침잠과 한낮의 와인, 아이들의 수다 그리고 그 땅의 백성(무지하여 정결법과 십일조를 게을리 준행하는 자를 일컫는다)이 모인 회중이 사람을 세상에서 쫓아낼 것이다."

רַבִּי אֶלְעָזָר הַמּוֹדָעִי אוֹמֵר, הַמְחַלֵּל אֶת הַקֳּדָשִׁים, וְהַמְבַזֶּה אֶת הַמּוֹעֲדוֹת, וְהַמַּלְבִּין פְּנֵי חֲבֵרוֹ בָּרַבִּים, וְהַמֵּפֵר בְּרִיתוֹ שֶׁל אַבְרָהָם אָבִינוּ עָלָיו הַשָּׁלוֹם, וְהַמְגַלֶּה פָנִים בַּתּוֹרָה שֶׁלֹּא כַהֲלָכָה, אַף עַל פִּי שֶׁיֵּשׁ בְּיָדוֹ תּוֹרָה וּמַעֲשִׂים טוֹבִים, אֵין לוֹ חֵלֶק לָעוֹלָם הַבָּא:

11

Rabbi Elazar of Modi'in says: One who profanes the Kodeshim (sacred material); one who desecrates the holidays; one who whitens (embarrasses) the face of another in public; one who nullifies the covenant of Abraham our father, peace be upon him; one who reveals meanings in the Torah that run contrary to the law, even though he has Torah knowledge and good deeds, he has no share in the world to come.

פרקי אבות

11

랍비 알라자르 하모다이가 이르기를 "성물을 더럽히고, 거룩한 절기를 훼손하며, 사람들 앞에서 타인의 얼굴을 하얗게 만드는 자(곤란하게 만드는 자), 우리 조상인 아브라함(그에게 평화가 있기를)의 언약을 무효로 만드는 자, 토라의 의미를 율법과 반대로 해석하는 자는 토라의 지식과 선행을 겸비했을지라도 내세에 분깃을 받지 못할 것이다."

12

רַבִּי יִשְׁמָעֵאל אוֹמֵר, הֱוֵי קַל לְרֹאשׁ, וְנוֹחַ לְתִשְׁחֹרֶת, וֶהֱוֵי מְקַבֵּל אֶת כָּל הָאָדָם בְּשִׂמְחָה:

13

רַבִּי עֲקִיבָא אוֹמֵר, שְׂחוֹק וְקַלּוּת רֹאשׁ, מַרְגִּילִין לְעֶרְוָה. מָסֹרֶת, סְיָג לַתּוֹרָה. מַעַשְׂרוֹת, סְיָג לָעֹשֶׁר. נְדָרִים, סְיָג לַפְּרִישׁוּת. סְיָג לַחָכְמָה, שְׁתִיקָה:

12

Rabbi Yishmael says: Be yielding to an elder, pleasant to a youth and greet every person with joy.

13

Rabbi Akiva says: Joking and lightheartedness acclimate toward promiscuity. Tradition is a safeguarding fence around Torah. Tithes are a safeguarding fence around wealth. Vows are a safeguarding fence around abstinence. A safeguarding fence around wisdom is silence.

12

랍비 이스마엘이 이르되 "어르신에게 양보하고, 어린이를 상냥히 대하고, 모든 사람을 기쁘게 영접하라."

13

랍비 아키바가 이르기를 "농담과 경박한 처신은 방탕을 익숙하게 만든다. 전승[된 구전토라]은 토라 주변을 보호하는 울타리다. 십일조는 부를 보호하는 울타리이며, 맹세는 절제를 보호하는 울타리다. 지혜를 보호하는 울타리는 침묵이다."

14

הוּא הָיָה אוֹמֵר, חָבִיב אָדָם שֶׁנִּבְרָא בְצֶלֶם. חִבָּה יְתֵרָה נוֹדַעַת לוֹ שֶׁנִּבְרָא בְצֶלֶם, שֶׁנֶּאֱמַר (בראשית ט) כִּי בְּצֶלֶם אֱלֹהִים עָשָׂה אֶת הָאָדָם. חֲבִיבִין יִשְׂרָאֵל שֶׁנִּקְרְאוּ בָנִים לַמָּקוֹם. חִבָּה יְתֵרָה נוֹדַעַת לָהֶם שֶׁנִּקְרְאוּ בָנִים לַמָּקוֹם, שֶׁנֶּאֱמַר (דברים יד) בָּנִים אַתֶּם לַה' אֱלֹהֵיכֶם. חֲבִיבִין יִשְׂרָאֵל שֶׁנִּתַּן לָהֶם כְּלִי חֶמְדָּה. חִבָּה יְתֵרָה נוֹדַעַת לָהֶם שֶׁנִּתַּן לָהֶם כְּלִי חֶמְדָּה שֶׁבּוֹ נִבְרָא הָעוֹלָם, שֶׁנֶּאֱמַר (משלי ד) כִּי לֶקַח טוֹב נָתַתִּי לָכֶם, תּוֹרָתִי אַל תַּעֲזֹבוּ:

14

He would say: Beloved is man, since he is created in the image [of God]. A deeper love—it is revealed to him that he is created in the image, as it says (Genesis 9:6): "for in God's image He made man." Beloved are Israel, since they are called children of the Omnipresent. A deeper love—it is revealed to them that they are called children to God, as it says (Deuteronomy 14:1): "You are children of the Lord, your God." Beloved are Israel, since a precious instrument has been given to them. A deeper love - it is revealed to them that the precious instrument with which the world was created has been given to them, as it says (Proverbs 4:2): "For a good lesson I have given to you; do not forsake my teaching."

פרקי אבות

14

그는 [다음과 같이] 말하곤 했다. "인간이 소중한 까닭은 그가 [하나님의] 형상대로 창조되었기 때문이다. 더 심오한 사랑은 인간이 하나님의 형상으로 창조되었다는 사실을 알게 되었다는 것이다. 기록된바와 같이 '이는 하나님이 자기 형상대로 사람을 지으셨음이니라(창세기9:6).' 이스라엘은 소중하다. 그들이 무소부재하신 하나님의 자녀라는 칭함을 받았기 때문이다. 더 심오한 사랑은 그들이 하나님의 자녀라는 칭함을 받았다는 사실을 알게 되었다는 것이다. 기록된바 '너희는 너희 하나님 여호와의 자녀다(신명기14:1).' 이스라엘은 소중하다. 그들이 소중한 도구를 받았기 때문이다. 더 심오한 사랑은 세상을 창조한 도구를 이스라엘 백성이 받았다는 사실이 알려졌다는 것이다. 성경에 기록된바와 같이 '내가 선한 도리를 너희에게 전하노니 내 법[가르침]을 떠나지 말라(잠언4:2).'"

15

הַכֹּל צָפוּי, וְהָרְשׁוּת נְתוּנָה, וּבְטוֹב הָעוֹלָם נִדּוֹן. וְהַכֹּל לְפִי רֹב הַמַּעֲשֶׂה:

16

הוּא הָיָה אוֹמֵר, הַכֹּל נָתוּן בְּעֵרָבוֹן, וּמְצוּדָה פְרוּסָה עַל כָּל הַחַיִּים. הַחֲנוּת פְּתוּחָה, וְהַחֶנְוָנִי מַקִּיף, וְהַפִּנְקָס פָּתוּחַ, וְהַיָּד כּוֹתֶבֶת, וְכָל הָרוֹצֶה לִלְווֹת יָבֹא וְיִלְוֶה, וְהַגַּבָּאִים מַחֲזִירִים תָּדִיר בְּכָל יוֹם, וְנִפְרָעִין מִן הָאָדָם מִדַּעְתּוֹ וְשֶׁלֹּא מִדַּעְתּוֹ, וְיֵשׁ לָהֶם עַל מַה שֶּׁיִּסְמֹכוּ, וְהַדִּין דִּין אֱמֶת, וְהַכֹּל מְתֻקָּן לַסְּעוּדָה:

15

Everything is foreseen, and freewill is given, and with goodness the world is judged. And all is in accordance to the majority of the deed.

16

He would say: Everything is given as collateral, and a net is cast over all of life. The shop is open, and the shopkeeper grants credit, and the accounting ledger is open, and the hand writes, and everyone who wants to borrow can come and borrow, and the collectors go constantly on their daily rounds and exact payment from man—with his knowledge or without his knowledge—and they have that upon which to rely, and the judgement is true judgement, and everything is prepared for the feast.

15

만사가 예견되었고 자유의지가 주어졌다. 세상은 선으로 심판을 받고 만사는 대다수의 행위에 따라 달라지게 마련이다.

16

그는 [다음과 같이] 말하곤 했다. "모든 것이 담보로 주어지고, 그물이 모든 생명체에 펼쳐진다. 매장이 열리면 주인은 외상으로 거래한다. 장부가 펼쳐지면 손이 기록한다. 돈을 빌리고자 하는 자는 누구든 와서 빌릴 수 있다. 수금원은 하루도 거르지 않고 수시로 거래처를 순회하며 대금 상환을 독촉한다(알든 모르든 간에). 그들은 의지할 증거를 갖고 있다. 심판은 진실한 심판이며 모든 일이 연회를 위해 준비된다."

פרקי אבות

יז

רַבִּי אֶלְעָזָר בֶּן עֲזַרְיָה אוֹמֵר, אִם אֵין תּוֹרָה, אֵין דֶּרֶךְ אֶרֶץ. אִם אֵין דֶּרֶךְ אֶרֶץ, אֵין תּוֹרָה. אִם אֵין חָכְמָה, אֵין יִרְאָה. אִם אֵין יִרְאָה, אֵין חָכְמָה. אִם אֵין בִּינָה, אֵין דַּעַת. אִם אֵין דַּעַת, אֵין בִּינָה. אִם אֵין קֶמַח, אֵין תּוֹרָה. אִם אֵין תּוֹרָה, אֵין קֶמַח. הוּא הָיָה אוֹמֵר, כָּל שֶׁחָכְמָתוֹ מְרֻבָּה מִמַּעֲשָׂיו, לְמָה הוּא דוֹמֶה, לְאִילָן שֶׁעֲנָפָיו מְרֻבִּין וְשָׁרָשָׁיו מֻעָטִין, וְהָרוּחַ בָּאָה וְעוֹקַרְתּוֹ וְהוֹפַכְתּוֹ עַל פָּנָיו, שֶׁנֶּאֱמַר (ירמיה יז) וְהָיָה כְּעַרְעָר בָּעֲרָבָה וְלֹא יִרְאֶה כִּי יָבוֹא טוֹב וְשָׁכַן חֲרֵרִים בַּמִּדְבָּר אֶרֶץ מְלֵחָה וְלֹא תֵשֵׁב. אֲבָל כָּל שֶׁמַּעֲשָׂיו מְרֻבִּין מֵחָכְמָתוֹ, לְמָה הוּא דוֹמֶה, לְאִילָן שֶׁעֲנָפָיו מֻעָטִין וְשָׁרָשָׁיו מְרֻבִּין, שֶׁאֲפִלּוּ כָּל הָרוּחוֹת שֶׁבָּעוֹלָם בָּאוֹת וְנוֹשְׁבוֹת בּוֹ אֵין מְזִיזִין אוֹתוֹ מִמְּקוֹמוֹ, שֶׁנֶּאֱמַר (שם) וְהָיָה כְּעֵץ שָׁתוּל עַל מַיִם וְעַל יוּבַל יְשַׁלַּח שָׁרָשָׁיו וְלֹא יִרְאֶה כִּי יָבֹא חֹם, וְהָיָה עָלֵהוּ רַעֲנָן, וּבִשְׁנַת בַּצֹּרֶת לֹא יִדְאָג, וְלֹא יָמִישׁ מֵעֲשׂוֹת פֶּרִי:

17

Rabbi Elazar ben Azariah says: If there is no Torah, there is no worldly occupation; if there is no worldly occupation, there is no Torah. If there is no wisdom, there is no fear; if there is no fear, there is no wisdom. If there is no understanding, there is no knowledge; if there is no knowledge, there is no understanding. If there is no flour, there is no Torah; if there is no Torah, there is no flour. He would say: Anyone whose wisdom exceeds his deeds, to what is he compared? To a tree whose branches are many but whose roots are few; and the wind comes and uproots it and turns it upside down; as it is said; "And he shall be like a lonely juniper tree in the wasteland and shall not see when good comes, but shall inhabit the parched places of the wilderness, a salty land that is uninhabitable." (Jeremiah 17:6). But one whose deeds exceed his wisdom, what is he like? Like a tree whose branches are few but whose roots are many; since even if all the winds of the world come and blow upon it, they do not move it from its place, as it is said; "He shall be like a tree planted by the waters, and spreads out its roots by the river, and shall not perceive when heat comes, but its leaf shall remain fresh; and it will not be troubled in the year of drought, nor will it cease to bear fruit." (Jeremiah 17:8).

פרקי אבות

17

랍비 엘라자르 벤 아자르야가 이르되 "토라가 없는 곳이라면 세상적인 직업이 없다. 세상적인 직업이 없는 곳이라면 토라도 없다. 지혜가 없는 곳이라면 두려움이 없고 두려움이 없는 곳이라면 지혜도 없을 것이다. 이해가 없는 곳이라면 지혜도 없고, 지혜가 없는 곳이라면 이해도 없으며 밀가루가 없는 곳이라면 토라가 없고, 토라가 없는 곳이라면 밀가루도 없을 것이다." 그는 [다음과 같이] 말하곤 했다. "지혜가 행위보다 뛰어난 사람은 무엇에 빗댈 수 있을까? 가지는 무성하나 뿌리가 적은 나무랄까. 바람이 불면 뿌리가 뽑혀 나무가 쓰러지고 말 것이다. 성경에 기록된 바와 같이 '그는 사막의 떨기나무 같아서 좋은 일이 오는 것을 보지 못하고 광야 간조한 곳, 건건한 땅, 사람이 살지 않는 땅에 살리라(예레미야17:6).' 반면 행위가 지혜보다 뛰어난 자는 무엇에 빗댈 수 있을까? 가지는 성겼지만 뿌리가 무성한 나무와 같다. 세상의 모든 폭풍이 불어도 나무는 꼼짝하지 않기 때문이다. 기록된 바, '그는 물가에 심어진 나무가 그 뿌리를 강변에 뻗치고 더위가 올지라도 두려워하지 아니하며 그 잎이 청청하며 가무는 해에도 걱정이 없고 결실이 그치지 아니함 같으리라(예레미야17:8).'"

18

רַבִּי אֱלִיעֶזֶר בֶּן חִסְמָא אוֹמֵר, קִנִּין וּפִתְחֵי נִדָּה, הֵן הֵן גּוּפֵי הֲלָכוֹת. תְּקוּפוֹת וְגִימַטְרִיאוֹת, פַּרְפְּרָאוֹת לַחָכְמָה:

18

Rabbi Eliezer ben Chisma says: [the laws of] Kinin (bird offerings) and the beginnings of Niddah (menstruation), these are the body of the laws. Astronomical calculations and Gematria [numerical calculations] are the condiments to wisdom.

18

랍비 엘리에제르 벤 히스마가 이르되 "조류 제물과 초경[을 규정한 법]은 필수적인 율법이다. 천문학과 수학은 지혜의 조미료와 같다."

תלמוד

פרקי אבות

Chapter 4

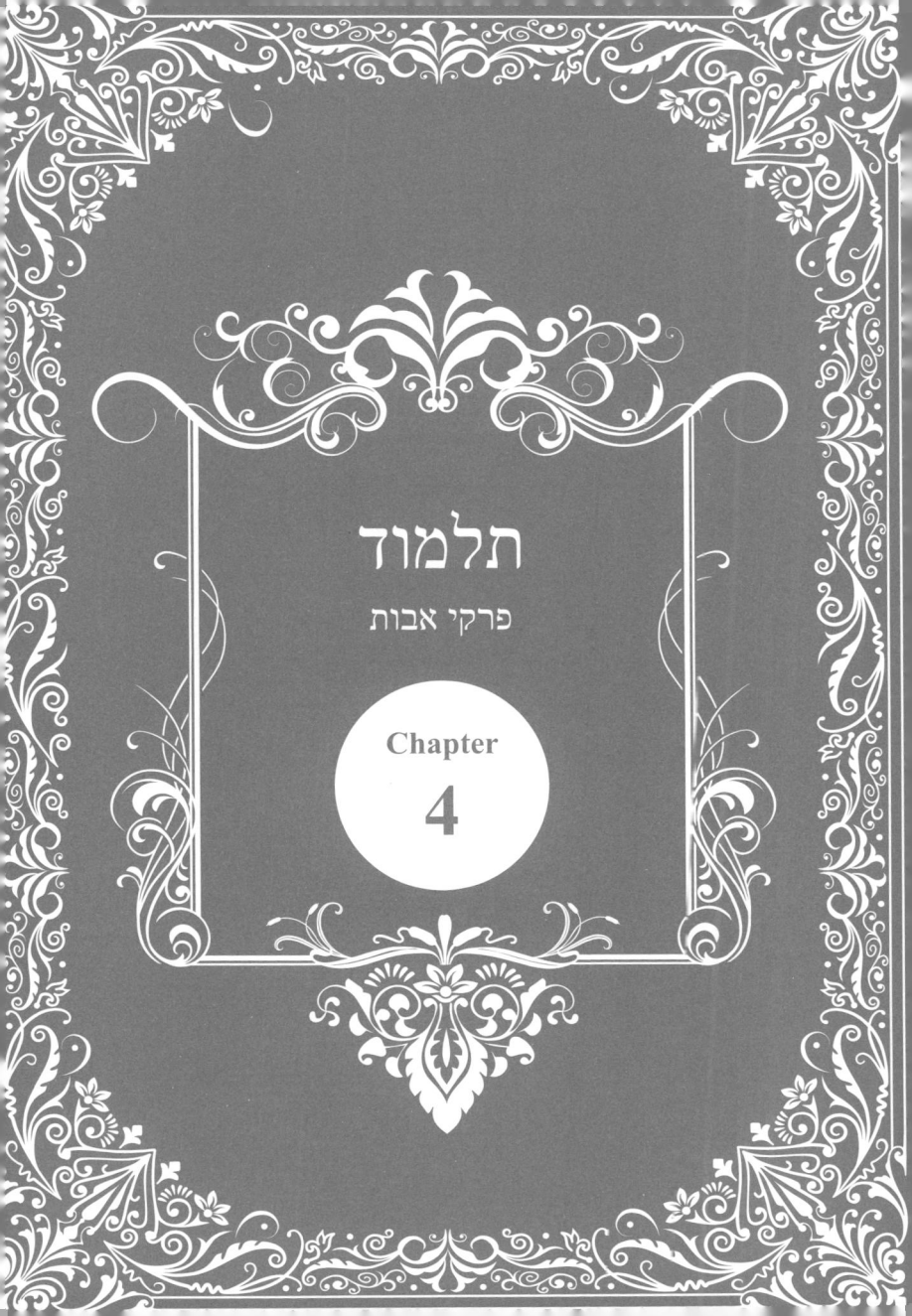

בֶּן זוֹמָא אוֹמֵר, אֵיזֶהוּ חָכָם, הַלּוֹמֵד מִכָּל אָדָם, שֶׁנֶּאֱמַר (תהלים קיט) מִכָּל מְלַמְּדַי הִשְׂכַּלְתִּי כִּי עֵדְוֹתֶיךָ שִׂיחָה לִי. אֵיזֶהוּ גִבּוֹר, הַכּוֹבֵשׁ אֶת יִצְרוֹ, שֶׁנֶּאֱמַר (משלי טז) טוֹב אֶרֶךְ אַפַּיִם מִגִּבּוֹר וּמֹשֵׁל בְּרוּחוֹ מִלֹּכֵד עִיר. אֵיזֶהוּ עָשִׁיר, הַשָּׂמֵחַ בְּחֶלְקוֹ, שֶׁנֶּאֱמַר (תהלים קכח) יְגִיעַ כַּפֶּיךָ כִּי תֹאכֵל אַשְׁרֶיךָ וְטוֹב לָךְ. אַשְׁרֶיךָ, בָּעוֹלָם הַזֶּה. וְטוֹב לָךְ, לָעוֹלָם הַבָּא. אֵיזֶהוּ מְכֻבָּד, הַמְכַבֵּד אֶת הַבְּרִיּוֹת, שֶׁנֶּאֱמַר (שמואל א ב) כִּי מְכַבְּדַי אֲכַבֵּד וּבֹזַי יֵקָלּוּ:

1

Ben Zoma says: Who is the wise one? He who learns from all men, as it says, "I have acquired understanding from all my teachers" (Psalms 119:99). Who is the mighty one? He who conquers his impulse, as it says, "slowness to anger is better than a mighty person and the ruler of his spirit than the conqueror of a city." (Proverbs 16:32). Who is the rich one? He who is happy with his lot, as it says, "When you eat [from] the work of your hands, you will be happy, and it will be well with you" (Psalms 128:2). "You will be happy" in this world, and "it will be well with you" in the world to come. Who is honored? He who honors the created beings, as it says, "For those who honor Me, I will honor; and those who despise Me will be held in little esteem" (I Samuel 2:30).

1

벤 조마가 이르되 "현명한 자는 누구인가? 모든 사람에게서 배우는 사람이다. 기록된 바와 같이 '내가 주의 증거들을 늘 읊조리므로 나의 명철함이 나의 모든 스승보다 낫다(시119:99).' 강한 자는 누구인가? 자신의 충동을 정복한 사람이다. 성경에 기록된 바, '노하기를 더디하는 자는 용사보다 낫고 자기의 마음을 다스리는 자는 성을 빼앗는 자보다 나으니라(잠언16:32).' 부유한 사람은 누구인가? 자신의 몫에 만족하는 사람이다. 기록된 바와 같이 '네가 네 손이 수고한 대로 먹을 것이라 네가 복되고 형통하리로다(시편128:2).' '복'은 이 세상에서 '형통'은 내세에서 누릴 것이다. 누가 존경을 받는가? 피조물을 존중하는 사람일 것이다. 기록된 바와 같이 '나를 존중히 여기는 자를 내가 존중히 여기고 나를 멸시하는 자를 내가 경멸하리라(사무엘상2:30).'"

2

בֶּן עַזַּאי אוֹמֵר, הֱוֵי רָץ לְמִצְוָה קַלָּה כְּבַחֲמוּרָה, וּבוֹרֵחַ מִן הָעֲבֵרָה. שֶׁמִּצְוָה גּוֹרֶרֶת מִצְוָה, וַעֲבֵרָה גוֹרֶרֶת עֲבֵרָה. שֶׁשְּׂכַר מִצְוָה, מִצְוָה. וּשְׂכַר עֲבֵרָה, עֲבֵרָה:

3

הוּא הָיָה אוֹמֵר, אַל תְּהִי בָז לְכָל אָדָם, וְאַל תְּהִי מַפְלִיג לְכָל דָּבָר, שֶׁאֵין לְךָ אָדָם שֶׁאֵין לוֹ שָׁעָה וְאֵין לְךָ דָבָר שֶׁאֵין לוֹ מָקוֹם:

2

Ben Azai says: Run to do an easy commandment as to a difficult one, and flee from sin; since a commandment leads to another commandment, and a sin leads to another sin; since the reward for a commandment is another commandment, and the reward for a sin is another sin.

3

He would say: Do not disparage anyone, and do not shun any thing. For you have no man who does not have his hour, and you have no thing that does not have its place.

פרקי אבות

벤 아자이가 이르되 "사소한 계명도 실천하기 위해 노력하고 죄로부터 도망치라. 계명이 또 다른 계명으로 이어지고 죄가 또 다른 죄로 이어지기 때문이다. 아울러 계명의 보답은 또 다른 계명이요, 죄의 보답은 또 다른 죄이기 때문이다."

그[벤 아자이]는 [다음과 같이] 말하곤 했다. "누구든 멸시하지 말고, 아무것도 무시하지 말라. 시간이 없는 사람이 없고, 제자리가 없는 것은 없기 때문이다."

4

רַבִּי לְוִיטָס אִישׁ יַבְנֶה אוֹמֵר, מְאֹד מְאֹד הֱוֵי שְׁפַל רוּחַ, שֶׁתִּקְוַת אֱנוֹשׁ רִמָּה. רַבִּי יוֹחָנָן בֶּן בְּרוֹקָא אוֹמֵר, כָּל הַמְחַלֵּל שֵׁם שָׁמַיִם בַּסֵּתֶר, נִפְרָעִין מִמֶּנּוּ בְּגָלוּי. אֶחָד שׁוֹגֵג וְאֶחָד מֵזִיד בְּחִלּוּל הַשֵּׁם:

5

רַבִּי יִשְׁמָעֵאל בְּנוֹ אוֹמֵר, הַלּוֹמֵד תּוֹרָה עַל מְנָת לְלַמֵּד, מַסְפִּיקִין בְּיָדוֹ לִלְמֹד וּלְלַמֵּד. וְהַלּוֹמֵד עַל מְנָת לַעֲשׂוֹת, מַסְפִּיקִין בְּיָדוֹ לִלְמֹד וּלְלַמֵּד לִשְׁמֹר וְלַעֲשׂוֹת. רַבִּי צָדוֹק אוֹמֵר, אַל תַּעֲשֵׂם עֲטָרָה לְהִתְגַּדֵּל בָּהֶם, וְלֹא קַרְדֹּם לַחְפֹּר בָּהֶם. וְכָךְ הָיָה הִלֵּל אוֹמֵר, וּדְאִשְׁתַּמֵּשׁ בְּתָגָא, חֳלָף. הָא לָמַדְתָּ, כָּל הַנֶּהֱנֶה מִדִּבְרֵי תוֹרָה, נוֹטֵל חַיָּיו מִן הָעוֹלָם:

4

Rabbi Levitas, a man of Yavneh, says: Be very, very humble in spirit, for the hope of man is worms. Rabbi Yochanan ben Beroka says: Anyone who desecrates the Name of Heaven secretly, they punish him publicly. There is no differentiation between unintentional and intentional when it comes to desecration of the Name.

5

Rabbi Yishmael his son says: One who studies Torah in order to teach will be given the opportunity both to study and to teach. One who studies in order to practice will be given the opportunity to study, to teach, to observe, and to practice. Rabbi Tzadok says: Do not make it [the Torah] into a crown with which to aggrandize yourself, and not into a spade with which to dig into them. And thus Hillel used to say: And one who makes use of the crown [of learning] passes away. From here you learn that any one who benefits from the words of the Torah removes his life from the world.

4

야브네의 랍비 레비타스가 이르기를 "아주 아주 겸손하라. 인간의 희망은 벌레이기 때문이다." 랍비 요하난 벤 버로카가 이르되 "천국의 이름을 은밀히 더럽힌 자는 사람들 앞에서 대가를 치를 것이다. 그 이름을 더럽힌 점을 두고는 고의든 우연이든 차이가 없다."

5

그의 아들 랍비 이스마엘이 이르되 "토라를 가르치기 위해 연구하는 사람은 연구하고 가르칠 기회가 생길 것이다. 반면 실천을 위해 연구하는 사람은 연구하고 가르치고 준수하며 실천할 기회를 얻을 것이다." 랍비 짜도크가 이르기를 "그것[토라]으로 자신의 지위를 높이기 위한 왕관을 만들지 말고, 파기 위한 삽을 만들지도 말라. 그래서 힐렐은 다음과 같이 말하곤 했다. '[배움의] 왕관을 이용하는 자는 스러질 것이다. 이를 통해 토라의 말씀에서 사리를 취하는 자는 누구든 이생에서 생명이 제거된다는 사실을 알게 될 것이다.'"

פרקי אבות

רַבִּי יוֹסֵי אוֹמֵר, כָּל הַמְכַבֵּד אֶת הַתּוֹרָה, גּוּפוֹ מְכֻבָּד עַל הַבְּרִיּוֹת. וְכָל הַמְחַלֵּל אֶת הַתּוֹרָה, גּוּפוֹ מְחֻלָּל עַל הַבְּרִיּוֹת:

רַבִּי יִשְׁמָעֵאל בְּנוֹ אוֹמֵר, הַחוֹשֵׂךְ עַצְמוֹ מִן הַדִּין, פּוֹרֵק מִמֶּנּוּ אֵיבָה וְגָזֵל וּשְׁבוּעַת שָׁוְא. וְהַגַּס לִבּוֹ בַהוֹרָאָה, שׁוֹטֶה רָשָׁע וְגַס רוּחַ:

6

Rabbi Yosi says: Anyone who honors the Torah—his body will be honored by the created beings. Anyone who desecrates the Torah—his body will be desecrated by the created beings.

7

Rabbi Yishmael, his son, says: One who withholds himself from judging—removes from himself enmity, theft, and the false oath. One who is nonchalant about giving legal decisions is an imbecile, wicked, and arrogant in spirit.

랍비 요세이가 이르되 "토라를 존중하는 자는 누구든 사람들에게서 존경을 받을 것이다. 그러나 토라의 명예를 훼손하는 자는 누구든 사람들이 그의 명예를 훼손할 것이다."

그의 아들 랍비 이스마엘이 이르기를 "판결을 삼가는 자는 자신에게서 원한과 절도 및 거짓맹세를 제거한 사람이다 반면 법적 판결을 언도하는 데 태연한 자는 영적으로 저능하고 사악하며 거만한 사람이다."

8

הוּא הָיָה אוֹמֵר, אַל תְּהִי דָן יְחִידִי, שֶׁאֵין דָּן יְחִידִי אֶלָּא אֶחָד. וְאַל תֹּאמַר קַבְּלוּ דַעְתִּי, שֶׁהֵן רַשָּׁאִין וְלֹא אָתָּה:

9

רַבִּי יוֹנָתָן אוֹמֵר, כָּל הַמְקַיֵּם אֶת הַתּוֹרָה מֵעֹנִי, סוֹפוֹ לְקַיְּמָהּ מֵעֹשֶׁר. וְכָל הַמְבַטֵּל אֶת הַתּוֹרָה מֵעֹשֶׁר, סוֹפוֹ לְבַטְּלָהּ מֵעֹנִי:

8

He would say: Do not judge alone, for there is no lone judge aside from One [God]. And do not say, "Accept my opinion," for they are permitted and not you.

9

Rabbi Yonatan says: Anyone who implements the Torah in poverty, his end will be to implement it in wealth. And anyone that disregards the Torah in wealth, will in the end disregard it in poverty.

(8)

그는 다음과 같이 말하곤 했다. "홀로 판결하지 말라. 한 분 [하나님]을 제외하고 홀로 판결하는 사람은 없기 때문이다. 아울러 '내 소견을 인정하라'고 말하지 말라. 그들은 허락을 받았지만 너는 아니기 때문이다."

(9)

랍비 요나탄이 이르되 "가난할 때 토라를 실천하는 자의 결말은 부자가 되어 토라를 실천하게 될 것이다. 부할 때 토라를 멸시하는 자의 종국은 가난뱅이가 되어 토라를 멸시하게 될 것이다."

10

רַבִּי מֵאִיר אוֹמֵר, הֱוֵי מְמַעֵט בְּעֵסֶק, וַעֲסֹק בַּתּוֹרָה. וֶהֱוֵי שְׁפַל רוּחַ בִּפְנֵי כָל אָדָם. וְאִם בָּטַלְתָּ מִן הַתּוֹרָה, יֶשׁ לְךָ בְטֵלִים הַרְבֵּה כְּנֶגְדָּךְ. וְאִם עָמַלְתָּ בַתּוֹרָה, יֶשׁ לוֹ שָׂכָר הַרְבֵּה לִתֶּן לָךְ:

11

רַבִּי אֱלִיעֶזֶר בֶּן יַעֲקֹב אוֹמֵר, הָעוֹשֶׂה מִצְוָה אַחַת, קוֹנֶה לּוֹ פְּרַקְלִיט אֶחָד. וְהָעוֹבֵר עֲבֵרָה אַחַת, קוֹנֶה לּוֹ קַטֵּגוֹר אֶחָד. תְּשׁוּבָה וּמַעֲשִׂים טוֹבִים, כִּתְרִיס בִּפְנֵי הַפֻּרְעָנוּת. רַבִּי יוֹחָנָן הַסַּנְדְּלָר אוֹמֵר, כָּל כְּנֵסִיָּה שֶׁהִיא לְשֵׁם שָׁמַיִם, סוֹפָהּ לְהִתְקַיֵּם. וְשֶׁאֵינָהּ לְשֵׁם שָׁמַיִם, אֵין סוֹפָהּ לְהִתְקַיֵּם:

10

Rabbi Meir says: Minimize business and engage in Torah. Be humble of spirit before everyone. If you neglect the Torah, many reasons for neglecting it will be presented to you. And if you labor in Torah, [He (God)] has abundant reward to grant you.

11

Rabbi Eliezer ben Yaakov says: One who does a single commandment acquires a single defender. One who does a single sin acquires a single prosecutor. Repentance and good deeds are like a shield against punishment. Rabbi Yochanan the shoemaker says: Every gathering that is for the sake of Heaven, its end is to endure. And every gathering that is not for the sake of Heaven, its end is not to endure.

10

랍비 메이르가 이르기를 "사업을 최소한으로 줄이고 토라 연구에 전념하라. 모든 사람 앞에서 겸손하라. 토라를 게을리 한다면 그러게 된 수많은 변명거리가 네게 주어질 것이다. 그러나 토라에 열중한다면 [그는(하나님)] 네게 줄 풍성한 상을 갖고 계실 것이다."

11

랍비 엘리에제르 벤 야코브가 이르되 "한 가지 계명을 실천한 자는 한 명의 변호인을 얻고, 단 하나의 죄를 지은 사람은 한 명의 검사를 얻는다. 회개와 선행은 심판을 막는 방패와 같다." 랍비 요하난 하산들라르(구두수선공)가 이르기를 "하늘나라를 위한 모임은 결국 오래갈 것이나, 하늘나라를 위하지 않는 모임은 결국 오래가지 못할 것이다."

12

רַבִּי אֶלְעָזָר בֶּן שַׁמּוּעַ אוֹמֵר, יְהִי כְבוֹד תַּלְמִידְךָ חָבִיב עָלֶיךָ כְּשֶׁלָּךְ, וּכְבוֹד חֲבֵרְךָ כְּמוֹרָא רַבָּךְ, וּמוֹרָא רַבָּךְ כְּמוֹרָא שָׁמָיִם:

13

רַבִּי יְהוּדָה אוֹמֵר, הֱוֵי זָהִיר בַּתַּלְמוּד, שֶׁשִּׁגְגַת תַּלְמוּד עוֹלָה זָדוֹן. רַבִּי שִׁמְעוֹן אוֹמֵר, שְׁלֹשָׁה כְתָרִים הֵם, כֶּתֶר תּוֹרָה וְכֶתֶר כְּהֻנָּה וְכֶתֶר מַלְכוּת, וְכֶתֶר שֵׁם טוֹב עוֹלֶה עַל גַּבֵּיהֶן:

12

Rabbi Elazar ben Shamua says: Let the honor of your student be dear to you as your own, and the honor of your fellow like the reverence of your teacher, and the reverence of your teacher like the reverence of Heaven.

13

Rabbi Yehuda says: Be careful in study, for an error in study is considered an intentional transgression. Rabbi Shimon says: There are three crowns: the crown of Torah, the crown of priesthood and the crown of monarchy - but the crown of a good name outweighs them all.

(12)

랍비 엘라자르 벤 샤무아가 이르되 "학생의 명예는 네 자신의 명예와 같아야 하고, 이웃의 명예는 너희 스승의 명예와 같아야 하며, 스승에 대한 존경은 천국에 대한 존경과 같아야 한다."

(13)

랍비 여후다가 이르기를 "연구에 신중하라. 연구의 실수는 의도적인 죄로 간주되기 때문이다." 랍비 쉬몬에 따르면 "왕관은 토라의 왕관과 제사장직의 왕관, 그리고 군주의 왕관으로 셋인데 선한 이름의 왕관이 모든 것보다 승하다"고 한다.

14

רַבִּי נְהוֹרַאי אוֹמֵר, הֱוֵי גוֹלֶה לִמְקוֹם תּוֹרָה, וְאַל תֹּאמַר שֶׁהִיא תָבֹא אַחֲרֶיךָ, שֶׁחֲבֵרֶיךָ יְקַיְּמוּהָ בְיָדֶךָ. וְאֶל בִּינָתְךָ אַל תִּשָּׁעֵן (משלי ג):

15

רַבִּי יַנַּאי אוֹמֵר, אֵין בְּיָדֵינוּ לֹא מִשַּׁלְוַת הָרְשָׁעִים וְאַף לֹא מִיִּסּוּרֵי הַצַּדִּיקִים. רַבִּי מַתְיָא בֶן חָרָשׁ אוֹמֵר, הֱוֵי מַקְדִּים בִּשְׁלוֹם כָּל אָדָם. וֶהֱוֵי זָנָב לָאֲרָיוֹת, וְאַל תְּהִי רֹאשׁ לַשּׁוּעָלִים:

14

Rabbi Nehorai says: Exile yourself to a place of Torah, and do not say that it will follow after you, that your colleagues will make it yours. Do not rely on your understanding.

15

Rabbi Yanai says: We do not have [the ability to explain] the tranquility of the wicked or even the suffering of the righteous. Rabbi Mattia ben Charash says: Be the first to greet every person, and be a tail to lions, and do not be a head to foxes.

14

랍비 너호라이가 이르되 "토라가 있는 곳으로 자리를 옮기라. 토라가 너희를 따라온다거나, 동료가 이를 터득하도록 도와줄 거라고 말하지 말라. 아울러 네 명철을 의지하지 말라(잠언3:5)"

15

랍비 야나이가 이르되 "우리에게는 사악한 자의 평안이나 의인의 고통을 [해명할 능력이] 없다." 랍비 마트야 벤 하라쉬가 이르기를 "모든 사람에게 먼저 인사하라. 여우의 머리가 되지 말고 사자의 꼬리가 되라."

16

רַבִּי יַעֲקֹב אוֹמֵר, הָעוֹלָם הַזֶּה דּוֹמֶה לִפְרוֹזְדוֹר בִּפְנֵי הָעוֹלָם הַבָּא. הַתְקֵן עַצְמְךָ בַּפְּרוֹזְדוֹר, כְּדֵי שֶׁתִּכָּנֵס לַטְּרַקְלִין:

17

הוּא הָיָה אוֹמֵר, יָפָה שָׁעָה אַחַת בִּתְשׁוּבָה וּמַעֲשִׂים טוֹבִים בָּעוֹלָם הַזֶּה, מִכָּל חַיֵּי הָעוֹלָם הַבָּא. וְיָפָה שָׁעָה אַחַת שֶׁל קוֹרַת רוּחַ בָּעוֹלָם הַבָּא, מִכָּל חַיֵּי הָעוֹלָם הַזֶּה:

16

Rabbi Yaakov says: This world is like a hallway before the world to come. Fix yourself in the hallway so you may enter the drawing room.

17

He would say: One hour of repentance and good deeds in this world is better than all the time in the world to come. And one hour of pleasure in the world to come is better than all the time in this world.

랍비 야코브가 이르되 "이 세상은 내세로 연결된 복도와 같다. 연회장에 들어갈 수 있도록 복도에서 매무시를 단정히 고치라."

그는 [다음과 같이] 말하곤 했다. "이생에서 한 시간 동안 실천한 회개와 선행은 내세에서 평생 실천한 회개와 선행보다 낫고, 내세에서 한 시간 동안 누리는 희락은 이생에서 평생 누린 희락보다 낫다."

פרקי אבות

18

רַבִּי שִׁמְעוֹן בֶּן אֶלְעָזָר אוֹמֵר, אַל תְּרַצֶּה אֶת חֲבֵרְךָ בִּשְׁעַת כַּעֲסוֹ, וְאַל תְּנַחֲמֶנּוּ בְּשָׁעָה שֶׁמֵּתוֹ מֻטָּל לְפָנָיו, וְאַל תִּשְׁאַל לוֹ בִשְׁעַת נִדְרוֹ, וְאַל תִּשְׁתַּדֵּל לִרְאוֹתוֹ בִּשְׁעַת קַלְקָלָתוֹ:

19

שְׁמוּאֵל הַקָּטָן אוֹמֵר, (משלי כד) בִּנְפֹל אוֹיִבְךָ אַל תִּשְׂמָח וּבִכָּשְׁלוֹ אַל יָגֵל לִבֶּךָ, פֶּן יִרְאֶה ה' וְרַע בְּעֵינָיו וְהֵשִׁיב מֵעָלָיו אַפּוֹ:

18

Rabbi Shimon ben Elazar says: Do not assuage the anger of your friend at the time of his anger; do not console him at the time when his deceased lies before him; do not question him at the time of his vow; and do not seek to see him at the time of his humiliation.

19

Shmuel the Younger says: (Proverbs 24:17-18) "When your enemy falls, do not be happy, and when he stumbles, let your heart not rejoice. Lest God see and it be bad in His eyes and He turn from him [the enemy] His anger."

פרקי אבות

18

랍비 쉬몬 벤 엘라자르가 이르기를 "친구가 화를 낼 때는 그의 분노를 달래지 말고, 죽은 자가 그 앞에 누워있을 때는 그를 위로하지 말라. 아울러 그가 맹세할 때는 의문을 던지지 말고, 그의 명예가 실추되었을 때는 그를 보려고도 하지 말라."

19

슈무엘 하카탄이 이르되 "네 원수가 넘어질 때에 즐거워하지 말며 그가 엎드러질 때에 마음에 기뻐하지 말라. 여호와께서 이것을 보시고 기뻐하지 아니하사 그의 진노를 그에게서 옮기실까 두려우니라(잠언24:17~18)."

אֱלִישָׁע בֶּן אֲבוּיָה אוֹמֵר, הַלּוֹמֵד יֶלֶד לְמָה הוּא דוֹמֶה, לִדְיוֹ כְתוּבָה עַל נְיָר חָדָשׁ. וְהַלּוֹמֵד זָקֵן לְמָה הוּא דוֹמֶה, לִדְיוֹ כְתוּבָה עַל נְיָר מָחוּק. רַבִּי יוֹסֵי בַר יְהוּדָה אִישׁ כְּפַר הַבַּבְלִי אוֹמֵר, הַלּוֹמֵד מִן הַקְּטַנִּים לְמָה הוּא דוֹמֶה, לְאֹכֵל עֲנָבִים קֵהוֹת וְשׁוֹתֶה יַיִן מִגִּתּוֹ. וְהַלּוֹמֵד מִן הַזְּקֵנִים לְמָה הוּא דוֹמֶה, לְאֹכֵל עֲנָבִים בְּשֵׁלוֹת וְשׁוֹתֶה יַיִן יָשָׁן. רַבִּי אוֹמֵר, אַל תִּסְתַּכֵּל בַּקַּנְקַן, אֶלָּא בְמַה שֶּׁיֵּשׁ בּוֹ. יֵשׁ קַנְקַן חָדָשׁ מָלֵא יָשָׁן, וְיָשָׁן שֶׁאֲפִלּוּ חָדָשׁ אֵין בּוֹ:

20

Elisha ben Abuya says: One who learns as a child is compared to what? To ink written on new parchment. And one who learns as an elder is compared to what? To ink written on scraped parchment. Rabbi Yose bar Yehuda, man of Kfar HaBavli, says: One who learns from young ones is compared to what? To one who eats unripe grapes and drinks wine from its press. And one who learns from elders is compared to what? To one who eats ripe grapes and drinks aged wine. Rebbi says: Do not look at the jug but rather at what is in it. For there are new jugs full of old, and old that do not have even new within them.

20

엘리샤 벤 아부야가 이르기를 "어린아이처럼 토라를 연구하는 사람은 무엇에 빗댈 수 있을까? 새로 만든 양피지에 쓴 잉크와 같다. 반면 어르신 같이 연구하는 사람은 무엇에 비유할 수 있을까? 폐양피지에 쓴 잉크와 같다." 크파르 하바볼리의 랍비 요세이 바르 여후다가 이르되 "젊은이에게서 배우는 사람은 무엇에 빗댈 수 있을까? 익지 않은 포도를 먹거나 방금 짠 포도주를 마시는 사람과 같다. 어르신에게서 배우는 사람은 무엇에 비유할까? 익은 포도를 먹거나 숙성된 포도주를 마시는 사람과 같다." 랍비 [메이르]가 이르되 "그릇을 보지 말고 그 안에 든 것을 보라. 숙성된 포도주가 가득한 새 그릇도 있고, 새 포도주조차 없는 낡은 그릇도 있기 때문이다."

21

רַבִּי אֶלְעָזָר הַקַּפָּר אוֹמֵר, הַקִּנְאָה וְהַתַּאֲוָה וְהַכָּבוֹד, מוֹצִיאִין אֶת הָאָדָם מִן הָעוֹלָם:

21

Rabbi Elazar HaKapor says: Envy, lust and honor drive a man from the world.

21

랍비 엘라자르 하카파르가 이르기를 "질투와 욕망과 명예가 사람을 세상에서 쫓아낸다."

הוּא הָיָה אוֹמֵר, הַיִּלּוֹדִים לָמוּת, וְהַמֵּתִים לְהֵחָיוֹת, וְהַחַיִּים לִדּוֹן. לֵידַע לְהוֹדִיעַ וּלְהִוָּדַע שֶׁהוּא אֵל, הוּא הַיּוֹצֵר, הוּא הַבּוֹרֵא, הוּא הַמֵּבִין, הוּא הַדַּיָּן, הוּא עֵד, הוּא בַעַל דִּין, וְהוּא עָתִיד לָדוּן. בָּרוּךְ הוּא, שֶׁאֵין לְפָנָיו לֹא עַוְלָה, וְלֹא שִׁכְחָה, וְלֹא מַשּׂוֹא פָנִים, וְלֹא מִקַּח שֹׁחַד, שֶׁהַכֹּל שֶׁלּוֹ. וְדַע שֶׁהַכֹּל לְפִי הַחֶשְׁבּוֹן. וְאַל יַבְטִיחֲךָ יִצְרְךָ שֶׁהַשְּׁאוֹל בֵּית מָנוֹס לָךְ, שֶׁעַל כָּרְחֲךָ אַתָּה נוֹצָר, וְעַל כָּרְחֲךָ אַתָּה נוֹלָד, וְעַל כָּרְחֲךָ אַתָּה חַי, וְעַל כָּרְחֲךָ אַתָּה מֵת, וְעַל כָּרְחֲךָ אַתָּה עָתִיד לִתֵּן דִּין וְחֶשְׁבּוֹן לִפְנֵי מֶלֶךְ מַלְכֵי הַמְּלָכִים הַקָּדוֹשׁ בָּרוּךְ הוּא:

22

He would say: Those that are born will die, and those that are dead will be revived, and the living will be judged. [It is necessary] to know, to make known, and to become conscious that He is God, He is the Maker, He is the Creator, He is the Understander, He is the Judge, He is the Witness, He is the Litigant, and He is destined to judge. Blessed be He, who has before Him no wrong, no forgetfulness, no respect of persons, no taking of bribes, for all is His. And know that everything is according to the reckoning. And do not let your [evil] impulse assure you that the netherworld is a place of refuge for you; because against your will you were created, and against your will you were born, and against your will you live, and against your will you die, and against your will you are destined to give account and reckoning before the King of kings, the Holy One, blessed be He.

22

그는[랍비 엘라자르 하카파르] 다음과 같이 말하곤 했다. "태어난 자는 죽고, 죽은 자는 부활할 것이며, 살아있는 자는 심판을 받을 것이다. [반드시] 알아야 하고, 알려야 하고, 의식해야 하는 사실은 그가 하나님이시고, 형상을 만드는 분이시고, 창조주이시며, 통찰하시는 분이시며, 재판관이시며, 증인이시며, 원고이시며, 결국에는 심판하실 분이라는 것이다. 복되신 하나님 앞에는 부정과 망각이 없고 편애와 뇌물수수가 없다. 당신이 만물의 주인이기 때문이다. 또한 만사가 [하나님의] 예측과 일치한다는 것도 알라. 스올이 너를 위한 도피처가 된다는, [악한] 충동의 설득을 곧이듣지 말라. 너희는 본의 아니게 창조되었고, 본의 아니게 태어났으며, 본의 아니게 살아가며, 본의 아니게 죽을 것이기 때문이다. 또한 만왕의 왕이시며 거룩하시고 복되신 당신 앞에서 너희는 의지와 상관없이 결산을 치르고 해명해야 할 운명이기 때문이다."

תלמוד

פרקי אבות

Chapter 5

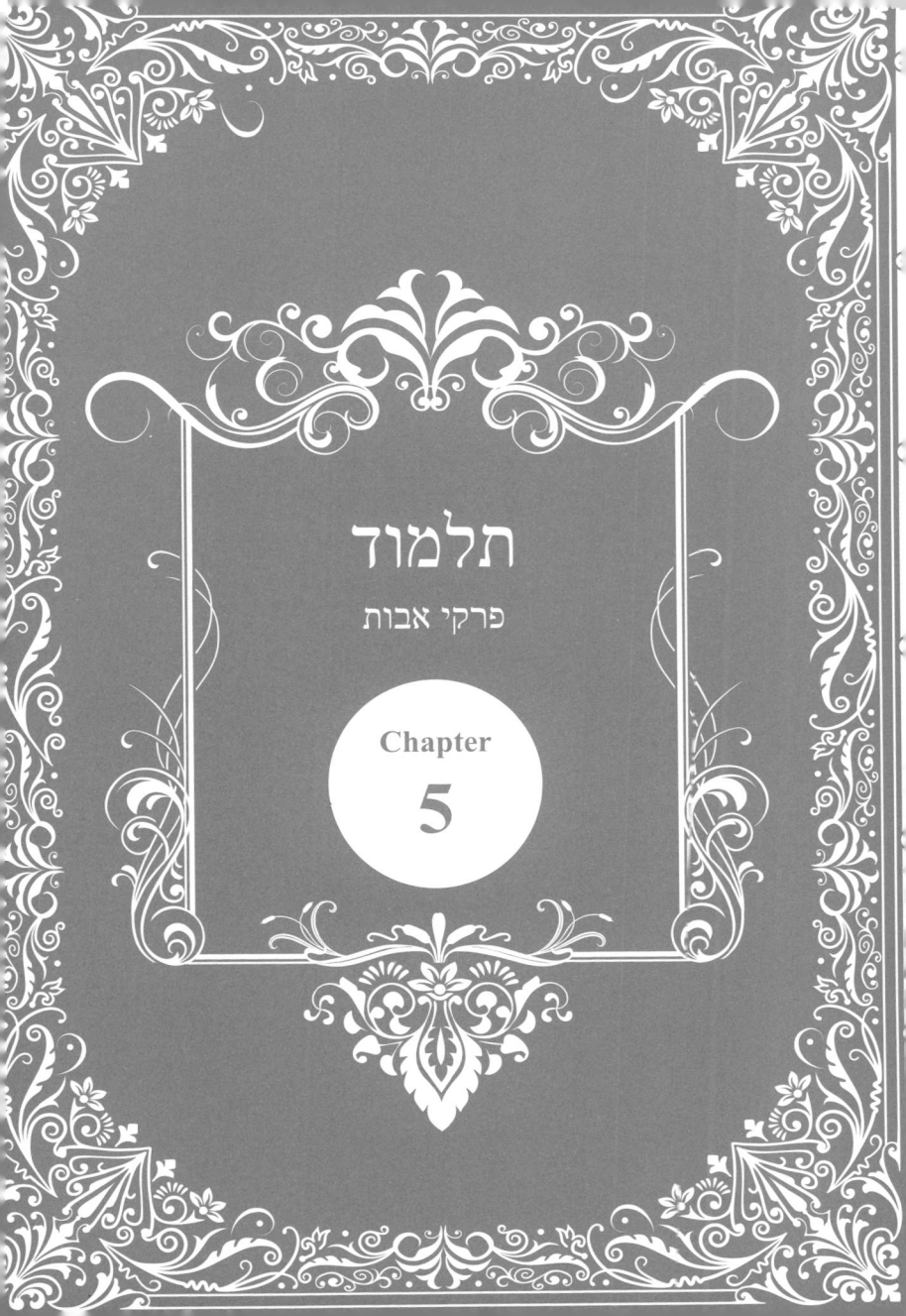

בַּעֲשָׂרָה מַאֲמָרוֹת נִבְרָא הָעוֹלָם. וּמַה תַּלְמוּד לוֹמַר, וַהֲלֹא בְמַאֲמָר אֶחָד יָכוֹל לְהִבָּרְאוֹת, אֶלָּא לְהִפָּרַע מִן הָרְשָׁעִים שֶׁמְּאַבְּדִין אֶת הָעוֹלָם שֶׁנִּבְרָא בַּעֲשָׂרָה מַאֲמָרוֹת, וְלִתֵּן שָׂכָר טוֹב לַצַּדִּיקִים שֶׁמְּקַיְּמִין אֶת הָעוֹלָם שֶׁנִּבְרָא בַּעֲשָׂרָה מַאֲמָרוֹת:

1

With ten utterances the world was created. And what is learned—couldn't it have been created by one utterance? Rather, [it was done this way] in order to punish the wicked who destroy the world that was created with ten utterances and to give reward to the righteous who sustain the world that was created with ten utterances.

1

세상은 열 마디 말씀으로 창조되었다. 여기서 알 수 있는 사실은 무엇인가? 한 마디 말씀으로 창조될 수는 없었을까? [열 마디 말씀으로 창조된 까닭은] 열 마디 말씀으로 창조된 세상을 파괴하는 악인은 처벌하고, 열 마디 말씀으로 창조된 세상을 지탱하고 있는 의인에게는 상을 베풀기 위함이다.

פרקי אבות

2

עֲשָׂרָה דוֹרוֹת מֵאָדָם וְעַד נֹחַ, לְהוֹדִיעַ כַּמָּה אֶרֶךְ אַפַּיִם לְפָנָיו, שֶׁכָּל הַדּוֹרוֹת הָיוּ מַכְעִיסִין וּבָאִין עַד שֶׁהֵבִיא עֲלֵיהֶם אֶת מֵי הַמַּבּוּל. עֲשָׂרָה דוֹרוֹת מִנֹּחַ וְעַד אַבְרָהָם, לְהוֹדִיעַ כַּמָּה אֶרֶךְ אַפַּיִם לְפָנָיו, שֶׁכָּל הַדּוֹרוֹת הָיוּ מַכְעִיסִין וּבָאִין, עַד שֶׁבָּא אַבְרָהָם וְקִבֵּל עָלָיו שְׂכַר כֻּלָּם:

2

There were ten generations from Adam to Noah, to demonstrate the great extent of [God's] patience, for each one of those generations provoked [God] continually until [God] brought the waters of the flood upon them. There were ten generations from Noah to Abraham, to demonstrate the extent of [God's] patience, for each one of those generations provoked [God] continually, until Abraham came and received the reward of them all.

2

아담부터 노아까지 열 세대가 있었다. [하나님의] 크신 인내력을 증명한 사실인데, 열 세대는 각각 [하나님이] 그들에게 홍수를 내리기 전까지 [하나님을] 심기를 계속 불편하게 했다. 노아에서 아브라함까지 열 세대가 있었다. [이 또한] [하나님의] 크신 인내력을 입증한 사실인데, 아브라함이 나와 그들의 상을 얻기까지 각 세대는 하나님의 심기를 계속 불편하게 했다.

(3)

עֲשָׂרָה נִסְיוֹנוֹת נִתְנַסָּה אַבְרָהָם אָבִינוּ עָלָיו הַשָּׁלוֹם וְעָמַד בְּכֻלָּם, לְהוֹדִיעַ כַּמָּה חִבָּתוֹ שֶׁל אַבְרָהָם אָבִינוּ עָלָיו הַשָּׁלוֹם:

(4)

עֲשָׂרָה נִסִּים נַעֲשׂוּ לַאֲבוֹתֵינוּ בְמִצְרַיִם וַעֲשָׂרָה עַל הַיָּם. עֶשֶׂר מַכּוֹת הֵבִיא הַקָּדוֹשׁ בָּרוּךְ הוּא עַל הַמִּצְרִיִּים בְּמִצְרַיִם וְעֶשֶׂר עַל הַיָּם. עֲשָׂרָה נִסְיוֹנוֹת נִסּוּ אֲבוֹתֵינוּ אֶת הַמָּקוֹם בָּרוּךְ הוּא בַּמִּדְבָּר, שֶׁנֶּאֱמַר (במדבר יד) וַיְנַסּוּ אֹתִי זֶה עֶשֶׂר פְּעָמִים וְלֹא שָׁמְעוּ בְּקוֹלִי:

3

With ten tests Abraham, our father, was tested—and he withstood them all; in order to show how great was the love of Abraham, our father—peace be upon him.

4

Ten miracles were performed for our ancestors in Egypt, and ten [miracles were performed] at the [Reed] Sea. [With] ten trials did our ancestors test the Omnipresent, blessed be He, in the Wilderness, as it is said (Numbers 14:22): "Yet have they tested Me these ten times, and have not hearkened to My voice."

3

우리 조상 아브라함은 열 가지 시험을 받았으나 평화가 그에게 임했다. 우리 조상 아브라함은 자신의 사랑이 얼마나 큰지 보여주기 위해 모든 시험을 극복해냈다.

4

열 가지 기적이 우리 조상을 위해 이집트에서 일어났고, 열 가지 [기적이] 바다[홍해]에서 벌어졌다. 열 가지 재앙 [을 통해] 우리 조상은 무소부재하시고 복되신 당신을 광야에서 시험했다. 기록된 바와 같이 "그들은 이같이 열 번이나 나를 시험하고 내 목소리를 청종하지 않았도다(민수기 14:22)."

פרקי אבות

עֲשָׂרָה נִסִּים נַעֲשׂוּ לַאֲבוֹתֵינוּ בְּבֵית הַמִּקְדָּשׁ. לֹא הִפִּילָה אִשָּׁה מֵרֵיחַ בְּשַׂר הַקֹּדֶשׁ, וְלֹא הִסְרִיחַ בְּשַׂר הַקֹּדֶשׁ מֵעוֹלָם, וְלֹא נִרְאָה זְבוּב בְּבֵית הַמִּטְבָּחַיִם, וְלֹא אֵרַע קֶרִי לְכֹהֵן גָּדוֹל בְּיוֹם הַכִּפּוּרִים, וְלֹא כִבּוּ גְשָׁמִים אֵשׁ שֶׁל עֲצֵי הַמַּעֲרָכָה, וְלֹא נָצְחָה הָרוּחַ אֶת עַמּוּד הֶעָשָׁן, וְלֹא נִמְצָא פְסוּל בָּעֹמֶר וּבִשְׁתֵּי הַלֶּחֶם וּבְלֶחֶם הַפָּנִים, עוֹמְדִים צְפוּפִים וּמִשְׁתַּחֲוִים רְוָחִים, וְלֹא הִזִּיק נָחָשׁ וְעַקְרָב בִּירוּשָׁלַיִם מֵעוֹלָם, וְלֹא אָמַר אָדָם לַחֲבֵרוֹ צַר לִי הַמָּקוֹם שֶׁאָלִין בִּירוּשָׁלָיִם:

5

Ten miracles were performed for our forefathers in the Temple: No woman had a miscarriage from the scent of the meat; and no holy flesh ever went putrid; and a fly was not seen in the room of slaughtering; and a High Priest did not have an accidental emission on Yom Kippur; and rain did not extinguish the fire of the wood pile; and the wind did not overpower the pillar of smoke; and there was not found a disqualification in the omer (a special barley offering, offered the day after Pesach, which permits grain harvested in the new harvest to be eaten) or in the two breads or in the showbreads; they would stand up crowded and bow down with [enough] space; and a snake or scorpion never hurt a person in Jerusalem; and a person did not say to his fellow, "The place is too cramped that I should lodge in Jerusalem."

5

성전에서는 조상을 위해 열 가지 기적이 벌어졌다. 제물의 향기로 유산하는 여성이 없었다. 거룩한 제물이 부패하지 않았고, 도축하는 곳에 파리가 한 마리도 얼씬하지 않았으며, 대속죄일(욤키푸르)에는 대제사장이 은연중에라도 사정하는 일이 없었다. 또한 비가 제단 장작더미의 불을 끄지 않았고, 제단에서 직각으로 올라가는 연기기둥을 바람이 흩뜨린 적이 없었으며, 오멜이나 떡 두 덩이나 혹은 진설병에서 어떤 흠도 발견된 적이 없었다. 군중이 선 채로 몰려들었지만 엎드릴 공간이 있었고, 독사나 전갈이 예루살렘에 있는 사람을 해하지 않았으며, 지인에게 "예루살렘은 기거하기에 너무 비좁다"고 말하는 사람은 하나도 없었다.

עֲשָׂרָה דְבָרִים נִבְרְאוּ בְּעֶרֶב שַׁבָּת בֵּין הַשְּׁמָשׁוֹת, וְאֵלּוּ הֵן, פִּי הָאָרֶץ, וּפִי הַבְּאֵר, וּפִי הָאָתוֹן, וְהַקֶּשֶׁת, וְהַמָּן, וְהַמַּטֶּה, וְהַשָּׁמִיר, וְהַכְּתָב, וְהַמִּכְתָּב, וְהַלּוּחוֹת. וְיֵשׁ אוֹמְרִים, אַף הַמַּזִּיקִין, וּקְבוּרָתוֹ שֶׁל מֹשֶׁה, וְאֵילוֹ שֶׁל אַבְרָהָם אָבִינוּ. וְיֵשׁ אוֹמְרִים, אַף צְבָת בִּצְבָת עֲשׂוּיָה:

6

Ten things were created on the eve of the [first] Shabbat at twilight. And these are they: The mouth of the earth [that swallowed Korach in Numbers 16:32]; and the mouth of the well [that accompanied the Israelites in the wilderness in Numbers 21:17]; and the mouth of the donkey [that spoke to Bilaam in Numbers 22:28–30]; and the rainbow [that served as a covenant after the flood in Genesis 9:13]; and the manna [that God provided the Israelites in the wilderness in Exodus 16:4–21]; and the staff [of Moshe]; and the shamir (the worm that helped build the Temple without metal tools); and the letters; and the writing; and the tablets [all of the latter three, of the Ten Commandments]. And some say, also the destructive spirits, and the burial place of Moshe, our teacher, and the ram of Abraham, our father. And some say, also the [first human-made] tongs, made with [Divine] tongs.

6

[첫 번째] 안식일 전날 해질 무렵에 열 가지가 창조되었다. 이는 다음과 같다. 땅의 입[고라 자손을 삼킴(민수기16:32)]과 우물의 입[광야에서 이스라엘 백성과 동행(민수기21:17)], 나귀의 입[발람에게 말함(민수기 22:28~30)], 무지개[홍수 후 언약(창세기9:13)], 만나[하나님이 광야에서 이스라엘 백성에게 공급하신 것(출애굽기16:4~21)], [모세의] 지팡이, 샤미르(shamir, 연장 없이 성전을 건립하는 데 보탬이 된 벌레), 문자, 기록 및 돌판[문자와 기록 및 돌판은 열 마디 말씀에 해당]이다. 혹자는 파괴하는 영과, 우리 스승인 모세의 무덤 및 우리 조상 아브라함의 숫양을 추가했고, 어떤 이는 [하나님의] 화저로 제작한 [최초의 수공] 화저를 거론했다.

7

שִׁבְעָה דְבָרִים בַּגֹּלֶם וְשִׁבְעָה בֶחָכָם. חָכָם אֵינוֹ מְדַבֵּר בִּפְנֵי מִי שֶׁהוּא גָדוֹל מִמֶּנּוּ בְחָכְמָה וּבְמִנְיָן, וְאֵינוֹ נִכְנָס לְתוֹךְ דִּבְרֵי חֲבֵרוֹ, וְאֵינוֹ נִבְהָל לְהָשִׁיב, שׁוֹאֵל כָּעִנְיָן וּמֵשִׁיב כַּהֲלָכָה, וְאוֹמֵר עַל רִאשׁוֹן רִאשׁוֹן וְעַל אַחֲרוֹן אַחֲרוֹן, וְעַל מַה שֶּׁלֹּא שָׁמַע, אוֹמֵר לֹא שָׁמָעְתִּי, וּמוֹדֶה עַל הָאֱמֶת. וְחִלּוּפֵיהֶן בַּגֹּלֶם:

7

Seven things are [found] in an unformed person and seven in a wise man. A wise man does not speak in front of someone who is greater than him in wisdom or in number; and he does not interrupt the words of his fellow; and is not impulsive in answering; and he asks to the point and answers as is proper; and he speaks to the first [point] first and the last [point] last; and about that which he has not heard [anything], says, "I have not heard [anything]"; and he concedes to the truth. And their opposites [are the case] with an unformed person.

7

어리석은 사람과 현명한 사람에게는 일곱 가지 특징이 있다. 현명한 사람은 지혜가 뛰어나거나 연배가 높은 사람 앞에서는 입을 다물고, 상대방의 말을 끊지 않으며, 성급하게 답변하지 않는다. 또한 화제의 핵심을 묻고 정확하게 대답하며, 첫째[요점]는 처음에, 마지막[요점]은 맨 나중에 지적한다. [전혀] 들은 바가 없는 사실을 두고는 "[전혀] 들은 바가 없다"고 밝힌다. 그는 사실을 인정한다. 그러나 어리석은 사람은 정반대로 행한다.

שִׁבְעָה מִינֵי פֻרְעָנֻיּוֹת בָּאִין לָעוֹלָם עַל שִׁבְעָה גוּפֵי עֲבֵרָה. מִקְצָתָן מְעַשְּׂרִין וּמִקְצָתָן אֵינָן מְעַשְּׂרִין, רָעָב שֶׁל בַּצֹּרֶת בָּאָה, מִקְצָתָן רְעֵבִים וּמִקְצָתָן שְׂבֵעִים. גָּמְרוּ שֶׁלֹּא לְעַשֵּׂר, רָעָב שֶׁל מְהוּמָה וְשֶׁל בַּצֹּרֶת בָּאָה. וְשֶׁלֹּא לִטֹּל אֶת הַחַלָּה, רָעָב שֶׁל כְּלָיָה בָּאָה. דֶּבֶר בָּא לָעוֹלָם עַל מִיתוֹת הָאֲמוּרוֹת בַּתּוֹרָה שֶׁלֹּא נִמְסְרוּ לְבֵית דִּין, וְעַל פֵּרוֹת שְׁבִיעִית. חֶרֶב בָּאָה לָעוֹלָם עַל עִנּוּי הַדִּין, וְעַל עִוּוּת הַדִּין, וְעַל הַמּוֹרִים בַּתּוֹרָה שֶׁלֹּא כַהֲלָכָה:

8

Seven kinds of punishment come to the world for seven categories of sin: [When] some of [the people] give tithes, and others do not give tithes, a famine from drought comes; and some go hungry, and others have plenty. [When] they all decide not to give tithes, a famine from tumult and drought comes. [And when they decide, in addition,] not to set apart the dough [offering], a famine of annihilation comes. Pestilence comes to the world for the death penalties set forth in the Torah that are not given over to the court [to carry out]; and for [violation of the laws governing] the produce of the Sabbatical year. [The] sword comes to the world for the delay of justice, and for the perversion of justice, and because of those who interpret the Torah counter to the accepted law.

8

일곱 가지 항목의 죄를 두고 일곱 종류의 형벌이 세상에 왔다. 어떤 이는 십일조를 하고 어떤 이는 하지 않는다면 가뭄으로 기근이 일어나 어떤 이는 굶주리고 어떤 이는 풍족해질 것이다. 모두가 십일조를 하지 않기로 결정한다면 폭동으로 기근과 가뭄이 찾아올 것이며, [제물로 바칠] 떡을 구별해두지 않기로 [결정한다면] 기근으로 멸절될 것이다. 토라에서 규정한 사형을 범했음에도 법정에 회부되지 않고, 안식년의 열매에 대한 [율법을 위반한 탓에] 역병이 세상에 왔다. 칼은 정의를 더디게 집행하고 정의를 곡해하며, 인정된 율법과는 반대로 토라를 해석한 사람 때문에 세상에 온 것이다.

9

חַיָּה רָעָה בָּאָה לָעוֹלָם עַל שְׁבוּעַת שָׁוְא, וְעַל חִלּוּל הַשֵּׁם. גָּלוּת בָּאָה לָעוֹלָם עַל עוֹבְדֵי עֲבוֹדָה זָרָה, וְעַל גִּלּוּי עֲרָיוֹת, וְעַל שְׁפִיכוּת דָּמִים, וְעַל הַשְׁמָטַת הָאָרֶץ. בְּאַרְבָּעָה פְרָקִים הַדֶּבֶר מִתְרַבֶּה, בָּרְבִיעִית, וּבַשְּׁבִיעִית, וּבְמוֹצָאֵי שְׁבִיעִית, וּבְמוֹצָאֵי הֶחָג שֶׁבְּכָל שָׁנָה וְשָׁנָה. בָּרְבִיעִית, מִפְּנֵי מַעְשַׂר עָנִי שֶׁבַּשְּׁלִישִׁית. בַּשְּׁבִיעִית, מִפְּנֵי מַעְשַׂר עָנִי שֶׁבַּשִּׁשִּׁית. וּבְמוֹצָאֵי שְׁבִיעִית, מִפְּנֵי פֵּרוֹת שְׁבִיעִית. וּבְמוֹצָאֵי הֶחָג שֶׁבְּכָל שָׁנָה וְשָׁנָה, מִפְּנֵי גֶזֶל מַתְּנוֹת עֲנִיִּים:

Destructive animals come to the world because of false oaths and because of the desecration of God's name. Exile comes to the world because of the worshipers of idols and because of sexual immorality and because of the spilling of blood and because of [the violation] of the resting of the earth. At four periods of time does pestilence become more widespread: in the fourth [year], in the seventh [year], after the seventh [year] and after the holiday (Sukkot) in every single year. In the fourth [year], it is because of [negligence] of the tithe to the poor in the third [year]. In the seventh [year], it is because of [negligence] of the tithe to the poor in the sixth [year]. And after the seventh [year], it is because of [negligence] with the produce of the seventh [year]. And after the holiday (Sukkot) in every single year, it is because of the theft of gifts to the poor [during the harvest before Sukkot].

⑨

거짓맹세와 신명모독 탓에 맹수가 세상에 나타났다. 우상숭배와 성적 타락, 유혈 및 땅의 안식법 [위반]으로 추방이 세상에 왔다. 역병은 네 절기에 좀더 전염된다. 네 번째 [해]와 일곱 번째 [해], 일곱 번째 [해] 이듬해, 그리고 매년 절기(초막절) 후가 여기에 해당된다. 네 번째 [해]에는 세 번째 [해]에 가난한 자에게 나누어주는 십일조[를 게을리 했기] 때문이고, 일곱 번째 [해]에는 여섯 번째 해에 가난한 사람에게 나누어주는 십일조[를 게을리 했기] 때문이며, 일곱 번째 [해] 다음 해에는 일곱 번째 [해]에 거둔 소산[에 대한 법을 위반했기] 때문이다. 아울러 매년 절기(초막절) 이후에는 [초막절 전에 수확하는 동안] 가난한 자에게 줄 곡식을 훔쳤기 때문이다.

10

אַרְבַּע מִדּוֹת בָּאָדָם. הָאוֹמֵר שֶׁלִּי שֶׁלִּי וְשֶׁלְּךָ שֶׁלָּךְ, זוֹ מִדָּה בֵּינוֹנִית. וְיֵשׁ אוֹמְרִים, זוֹ מִדַּת סְדוֹם. שֶׁלִּי שֶׁלְּךָ וְשֶׁלְּךָ שֶׁלִּי, עַם הָאָרֶץ. שֶׁלִּי שֶׁלְּךָ וְשֶׁלְּךָ שֶׁלָּךְ, חָסִיד. שֶׁלִּי שֶׁלִּי וְשֶׁלְּךָ שֶׁלִּי, רָשָׁע:

11

אַרְבַּע מִדּוֹת בַּדֵּעוֹת. נוֹחַ לִכְעֹס וְנוֹחַ לִרְצוֹת, יָצָא שְׂכָרוֹ בְהֶפְסֵדוֹ. קָשֶׁה לִכְעֹס וְקָשֶׁה לִרְצוֹת, יָצָא הֶפְסֵדוֹ בִשְׂכָרוֹ. קָשֶׁה לִכְעֹס וְנוֹחַ לִרְצוֹת, חָסִיד. נוֹחַ לִכְעֹס וְקָשֶׁה לִרְצוֹת, רָשָׁע:

10

There are four temperaments among men: the one who says "what is mine is mine, and what is yours is yours"—that's an [average] temperament. And there are some who say that is the temperament of Sodom. [A second type is one who says] "what is mine is yours, and what is yours is mine"—[that's an] am ha'arets (uneducated person). [A third type is one who says] "what is mine is yours, and what is yours is yours"—[that's a] pious person. [A final type is one who says] "what is yours is mine, and what is mine is mine"—[that's a] wicked person.

11

There are four temperaments among dispositions: [a person who is] easy to anger and easy to appease—his gain is canceled by his loss. [A person who is] hard to anger but [also] hard to appease—his loss is canceled by his gain. [A person who is] hard to anger, but easy to appease—[that's a] pious person. [A person who is] easy to anger and hard to appease—[that's a] wicked person.

10

사람의 성향은 넷으로 구분한다. "내 것은 내 것이고, 네 것은 네 것이다."라는 사람은 [평범한] 성향에 해당된다. 이렇게 말하는 사람은 소돔의 성향과도 같다. [두 번째 성향은] "내 것은 네 것이고, 네 것은 내 것이다."라는 사람은 '땅의 백성(배우지 못한 사람)'이다. [세 번째 성향은] "내 것은 네 것이고, 네 것도 네 것이다."라는 사람은 경건한 성향이며 [끝으로] "네 것은 내 것이고, 내 것도 내 것이다."라는 사람은 사악한 성향에 해당된다.

11

기질도 넷으로 구분한다. 쉽게 화를 내지만 쉽게 진정하는 사람은 손해가 소득을 상쇄시킨다. 화를 잘 내진 않지만 진정도 쉽지 않은 사람은 소득이 손해를 상쇄시킨다. 화를 잘 내지 않고 쉽게 진정하는 사람은 경건한 자며, 쉽게 화를 내면서도 진정이 쉽지 않은 사람은 사악한 자다.

12

אַרְבַּע מִדּוֹת בַּתַּלְמִידִים. מַהֵר לִשְׁמֹעַ וּמַהֵר לְאַבֵּד, יָצָא שְׂכָרוֹ בְהֶפְסֵדוֹ. קָשֶׁה לִשְׁמֹעַ וְקָשֶׁה לְאַבֵּד, יָצָא הֶפְסֵדוֹ בִשְׂכָרוֹ. מַהֵר לִשְׁמֹעַ וְקָשֶׁה לְאַבֵּד, חָכָם. קָשֶׁה לִשְׁמֹעַ וּמַהֵר לְאַבֵּד, זֶה חֵלֶק רָע:

13

אַרְבַּע מִדּוֹת בְּנוֹתְנֵי צְדָקָה. הָרוֹצֶה שֶׁיִּתֵּן וְלֹא יִתְּנוּ אֲחֵרִים, עֵינוֹ רָעָה בְּשֶׁל אֲחֵרִים. יִתְּנוּ אֲחֵרִים וְהוּא לֹא יִתֵּן, עֵינוֹ רָעָה בְשֶׁלּוֹ. יִתֵּן וְיִתְּנוּ אֲחֵרִים, חָסִיד. לֹא יִתֵּן וְלֹא יִתְּנוּ אֲחֵרִים, רָשָׁע:

12

There are four temperaments among students: Quick to understand and quick to forget—his gain is canceled by his loss. [A student who is] slow to understand and slow to forget—his loss is canceled by his gain. [A student who is] quick to understand and slow to forget—he is a sage. [A student who is] slow to understand and quick to forget—that is a bad portion.

13

There are four temperaments among givers of charity: One who wishes to give, but [that] others not give—he has an evil eye with respect to others. [One who wishes that] others give, and he [himself] not give—he has an evil eye with respect to himself. [One who wishes to] give and [that] others give—[that's a] pious person. [One who wishes] not to give and [that] others not give—[that's a] wicked person.

학생의 성향도 넷으로 구분한다. 이해가 빠르지만 망각도 빠른 학생은 손해가 소득을 상쇄시킨다. 이해도 더디고 망각도 느린 [학생은] 소득이 손해를 상쇄시킨다. 이해가 빠르나 망각은 더딘 [학생은] 현인이고, 이해가 더딘 반면 망각은 빠른 [학생은] 악한 운명이다.

자선을 베푸는 사람의 성향도 넷으로 구분한다. 자신은 자선을 베풀고 싶어 하지만, 남은 그러지 않기를 바라는 사람은 이웃에 대해 악한 눈을 가진 자다. 남의 자선은 바라지만 정작 자신은 그러지 않으려는 [사람은] 자신에 대해 악한 눈을 가진 자다. 자신과 남의 자선을 모두 바라는 [사람은] 경건한 자요, 자선을 베풀 마음도 없고 남도 그러기를 바라는 사람은 사악한 자다.

14

אַרְבַּע מִדּוֹת בְּהוֹלְכֵי לְבֵית הַמִּדְרָשׁ. הוֹלֵךְ וְאֵינוֹ עוֹשֶׂה, שְׂכַר הֲלִיכָה בְיָדוֹ. עוֹשֶׂה וְאֵינוֹ הוֹלֵךְ, שְׂכַר מַעֲשֶׂה בְיָדוֹ. הוֹלֵךְ וְעוֹשֶׂה, חָסִיד. לֹא הוֹלֵךְ וְלֹא עוֹשֶׂה, רָשָׁע:

15

אַרְבַּע מִדּוֹת בְּיוֹשְׁבִים לִפְנֵי חֲכָמִים. סְפוֹג, וּמַשְׁפֵּךְ, מְשַׁמֶּרֶת, וְנָפָה. סְפוֹג, שֶׁהוּא סוֹפֵג אֶת הַכֹּל. מַשְׁפֵּךְ, שֶׁמַּכְנִיס בְּזוֹ וּמוֹצִיא בְזוֹ. מְשַׁמֶּרֶת, שֶׁמּוֹצִיאָה אֶת הַיַּיִן וְקוֹלֶטֶת אֶת הַשְּׁמָרִים. וְנָפָה, שֶׁמּוֹצִיאָה אֶת הַקֶּמַח וְקוֹלֶטֶת אֶת הַסֹּלֶת:

14

There are four temperaments among those who go to the House of Study: [One who] goes but does not do obtains the reward for going. [One who] does but does not go obtains reward for doing. [One who] goes and does is a pious person. [One who] neither goes nor does is a wicked person.

15

There are four temperaments among those who sit before the sages: the sponge, the funnel, the strainer, and the sieve. The sponge—because it absorbs everything. The funnel—because it lets in at [one end] and lets out at [the other]. The strainer—because it lets the wine out and retains the sediment. The sieve —because it lets out the [inferior] flour and retains the fine flour.

14

학당에 가는 사람의 성향도 넷으로 구분한다. 몸은 가지만 연구하지 않는 [사람은] 출석한 데 대한 상을 받고, 연구는 하지만 학당에 가지 않는 [사람은] 연구한 데 대한 상을 받을 것이다. 학당에 가서 연구하는 [사람은] 경건한 자요, 학당에 가지도 않고 연구도 하지 않는 [사람은] 사악한 자다.

15

현인 앞에 앉은(연구하는) 사람의 성향도 넷으로 구분한다. 스폰지와 깔때기, 여과기 및 체와 같다고나 할까. 스폰지는 모든 것을 흡수하고, 깔때기는 [한쪽 끝으로] 들였다가 [다른 쪽 끝으로] 내보내며, 여과기는 포도주가 빠져나가면 침전물이 남는다. 끝으로 체는 밀가루 분말을 내보내면 고운 밀가루가 남는다.

16

כָּל אַהֲבָה שֶׁהִיא תְּלוּיָה בְדָבָר, בָּטֵל דָּבָר, בְּטֵלָה אַהֲבָה. וְשֶׁאֵינָהּ תְּלוּיָה בְדָבָר, אֵינָהּ בְּטֵלָה לְעוֹלָם. אֵיזוֹ הִיא אַהֲבָה הַתְּלוּיָה בְדָבָר, זוֹ אַהֲבַת אַמְנוֹן וְתָמָר. וְשֶׁאֵינָהּ תְּלוּיָה בְדָבָר, זוֹ אַהֲבַת דָּוִד וִיהוֹנָתָן:

17

כָּל מַחֲלֹקֶת שֶׁהִיא לְשֵׁם שָׁמַיִם, סוֹפָהּ לְהִתְקַיֵּם. וְשֶׁאֵינָהּ לְשֵׁם שָׁמַיִם, אֵין סוֹפָהּ לְהִתְקַיֵּם. אֵיזוֹ הִיא מַחֲלֹקֶת שֶׁהִיא לְשֵׁם שָׁמַיִם, זוֹ מַחֲלֹקֶת הִלֵּל וְשַׁמַּאי. וְשֶׁאֵינָהּ לְשֵׁם שָׁמַיִם, זוֹ מַחֲלֹקֶת קֹרַח וְכָל עֲדָתוֹ:

16

Any love that is dependent on something, when that thing perishes, the love perishes. But [a love] that is not dependent on something, does not ever perish. What's [an example of] a love that is dependent on something? That's the love of Amnon and Tamar. And [a love] that is not dependent on something? That's the love of David and Jonathan.

17

Every argument that is for [the sake of] heaven's name, it is destined to endure. But if it is not for [the sake of] heaven's name—it is not destined to endure. What is [an example of an argument] for [the sake of] heaven's name? The argument of Hillel and Shammai. What is [an example of an argument] not for [the sake of] heaven's name? The argument of Korach and all of his congregation.

16

무언가에 의존하는 사랑이 있는데, 그런 사랑은 의존하던 것이 사라지면 그마저 사라지게 마련이다. 그러나 무언가에 의존하지 않는 [사랑은] 사라지지 않을 것이다. 의존하는 사랑을 보여주는 예시는 무엇인가? 암논과 다말의 사랑이다. 의존하지 않는 사랑은? 다윗과 요나단의 사랑이다.

17

하늘의 이름을 [위한] 논쟁은 모두 오래 지속될 것이다. 그러나 하늘의 이름을 [위하지] 않는다면 논쟁은 곧 막을 내릴 것이다. 하늘의 이름을 [위한] [논쟁의 예는] 무엇인가? 힐렐과 샴마이의 논쟁이다. 하늘의 이름을 [위하지] 않는 [논쟁의 예는] 무엇인가? 고라를 비롯한 모든 무리의 논쟁이다.

כָּל הַמְזַכֶּה אֶת הָרַבִּים, אֵין חֵטְא בָּא עַל יָדוֹ. וְכָל הַמַּחֲטִיא אֶת הָרַבִּים, אֵין מַסְפִּיקִין בְּיָדוֹ לַעֲשׂוֹת תְּשׁוּבָה. מֹשֶׁה זָכָה וְזִכָּה אֶת הָרַבִּים, זְכוּת הָרַבִּים תָּלוּי בּוֹ, שֶׁנֶּאֱמַר (דברים לג) צִדְקַת ה' עָשָׂה וּמִשְׁפָּטָיו עִם יִשְׂרָאֵל. יָרָבְעָם חָטָא וְהֶחֱטִיא אֶת הָרַבִּים, חֵטְא הָרַבִּים תָּלוּי בּוֹ, שֶׁנֶּאֱמַר (מלכים א טו) עַל חַטֹּאות יָרָבְעָם (בֶּן נְבָט) אֲשֶׁר חָטָא וַאֲשֶׁר הֶחֱטִיא אֶת יִשְׂרָאֵל:

18

Anyone who brings merit to the many, sin does not result from him. And anyone who brings the many to sin is not given enough [time] to repent. Moshe—who was meritorious and brought merit to the many; the merit of the many is appended to him, as it is stated (Deuteronomy 33:21), "He fulfilled the righteousness of God and His statutes with Israel." Jeroboam—who sinned and caused the many to sin; the sin of the many is appended to him, as it is stated (I Kings 15:30), "for the sins of Jeroboam that he sinned and that he caused Israel to sin."

18

다수가 칭찬하는 자, 죄는 그에게서 빚어지진 않을 것이다. 다수를 죄에 빠뜨리는 자는 회개할 [시간이] 충분하지 못할 것이다. 모세는 칭찬할만했고 다수가 칭찬을 받도록 한 자인 까닭에 다수의 공로가 그에게 전가되었다. 기록된 바와 같이 "그가 여호와의 공의와 이스라엘과 세우신 법도를 행하도다(신명기33:21)." 반면, 여로보암은 죄를 범했고 수많은 사람들을 죄에 빠뜨린 장본인인 까닭에 다수의 죄가 그에게 전가되었다. 성경에 기록된 바, "이는 여로보암이 범죄하고 또 이스라엘에게 범하게 한 죄로 말미암음이다(열왕기상15:30)."

19

כָּל מִי שֶׁיֵּשׁ בְּיָדוֹ שְׁלֹשָׁה דְבָרִים הַלָּלוּ, מִתַּלְמִידָיו שֶׁל אַבְרָהָם אָבִינוּ. וּשְׁלֹשָׁה דְבָרִים אֲחֵרִים, מִתַּלְמִידָיו שֶׁל בִּלְעָם הָרָשָׁע. עַיִן טוֹבָה, וְרוּחַ נְמוּכָה, וְנֶפֶשׁ שְׁפָלָה, מִתַּלְמִידָיו שֶׁל אַבְרָהָם אָבִינוּ. עַיִן רָעָה, וְרוּחַ גְּבוֹהָה, וְנֶפֶשׁ רְחָבָה, מִתַּלְמִידָיו שֶׁל בִּלְעָם הָרָשָׁע. מַה בֵּין תַּלְמִידָיו שֶׁל אַבְרָהָם אָבִינוּ לְתַלְמִידָיו שֶׁל בִּלְעָם הָרָשָׁע. תַּלְמִידָיו שֶׁל אַבְרָהָם אָבִינוּ, אוֹכְלִין בָּעוֹלָם הַזֶּה וְנוֹחֲלִין בָּעוֹלָם הַבָּא, שֶׁנֶּאֱמַר (משלי ח) לְהַנְחִיל אֹהֲבַי יֵשׁ, וְאֹצְרֹתֵיהֶם אֲמַלֵּא. אֲבָל תַּלְמִידָיו שֶׁל בִּלְעָם הָרָשָׁע יוֹרְשִׁין גֵּיהִנֹּם וְיוֹרְדִין לִבְאֵר שַׁחַת, שֶׁנֶּאֱמַר (תהלים נה) וְאַתָּה אֱלֹהִים תּוֹרִידֵם לִבְאֵר שַׁחַת, אַנְשֵׁי דָמִים וּמִרְמָה לֹא יֶחֱצוּ יְמֵיהֶם, וַאֲנִי אֶבְטַח בָּךְ:

19

Anyone who has these three things is from the students of Abraham, our father, and [anyone who has] three other things is from the students of Bilaam the evildoer: [one who has] a good eye, a humble spirit and a small appetite—is from the students of Abraham, our father. [One who has] an evil eye, a haughty spirit and a broad appetite—is from the students of Bilaam the evildoer. What [difference] is there between the students of Abraham, our father, and the students of Bilaam the evildoer? The students of Abraham, our father, eat in this world and possess the next world, as it is stated (Proverbs 8:21), "There is what for those that love Me to inherit, and their treasuries will I fill." But the students of Bilaam the evildoer inherit Gehinnom (Purgatory) and go down to the pit of destruction, as it is stated (Psalms 55:24), "And You, God, will bring them down to the pit of destruction; the people of blood and deceit, they will not live out half their days; and I will trust in You."

19

이러한 세 가지 특징이 있는 자는 누구든 우리 조상 아브라함의 제자에게서 태어난 사람이다. 또한 그와는 다른 특징 세 가지가 있는 [사람은 누구든] 사악한 발람의 제자에게서 태어난 사람이다. 즉, 선한 눈과 겸손한 마음과 식욕이 작은 자는 우리 조상 아브라함의 제자에게서 태어난 사람인 반면, 악한 눈과 거만한 마음과 식욕이 큰 자는 사악한 발람의 제자에게서 태어난 사람이다. 우리 조상 아브라함의 제자와 사악한 발람의 제자는 어떻게 다른가? 아브라함의 제자는 이생에서 먹지만 내세를 가진 자다. 성경에 기록된 바, "나를 사랑하는 자가 재물을 얻어서 그 곳간에 채우게 하려 함이니라(잠언8:21)." 그러나 사악한 발람의 제자는 게힌놈을 상속받고 파멸의 웅덩이로 떨어질 것이다. 기록된 바와 같이 "하나님이여 주께서 그들로 파멸의 웅덩이에 빠지게 하시리이다. 피를 흘리게 하며 속이는 자들은 그들의 날의 반도 살지 못할 것이나 나는 주를 의지하리이다(시편55:23)."

יְהוּדָה בֶן תֵּימָא אוֹמֵר, הֱוֵי עַז כַּנָּמֵר, וְקַל כַּנֶּשֶׁר, וְרָץ כַּצְּבִי, וְגִבּוֹר כָּאֲרִי, לַעֲשׂוֹת רְצוֹן אָבִיךָ שֶׁבַּשָּׁמָיִם. הוּא הָיָה אוֹמֵר, עַז פָּנִים לְגֵיהִנֹּם, וּבֹשֶׁת פָּנִים לְגַן עֵדֶן. יְהִי רָצוֹן מִלְּפָנֶיךָ יְיָ אֱלֹהֵינוּ שֶׁתִּבְנֶה עִירְךָ בִּמְהֵרָה בְיָמֵינוּ וְתֵן חֶלְקֵנוּ בְּתוֹרָתֶךָ:

20

Yehudah ben Teimah says: Be brazen like the leopard, light like the eagle, swift like the deer, and mighty like the lion to do the Will of your Father Who is in Heaven. He used to say: [the] brazen-faced [are bound] for Gehinnom(Purgatory), and [the] shamefaced [are bound] for the Garden of Eden. May it be Your Will, Lord, our God and the God of our forefathers, that Your city be rebuilt, speedily and in our days, and grant us our share in Your Torah.

20

여후다 벤 테이마가 이르기를 "범처럼 담대하고 독수리처럼 민첩하며 사슴처럼 재빠르고 사자처럼 강인하라. 천국에 계신 너희 아버지의 뜻을 이루기 위함이라." 그는 [다음과 같이] 말하곤 했다. "철면피는 게힌놈으로 [가지만] 수줍어하는 사람은 에덴동산으로 [갈 것이다]. 우리 하나님이시며 우리 조상의 하나님 여호와여, 당신의 도시가 이 시대에 속히 재건되고 토라에 기록된 분깃을 우리에게 주는 것이 당신의 뜻이 되게 하소서."

הוּא הָיָה אוֹמֵר, בֶּן חָמֵשׁ שָׁנִים לַמִּקְרָא, בֶּן עֶשֶׂר לַמִּשְׁנָה, בֶּן שְׁלֹשׁ עֶשְׂרֵה לַמִּצְוֹת, בֶּן חֲמֵשׁ עֶשְׂרֵה לַתַּלְמוּד, בֶּן שְׁמֹנֶה עֶשְׂרֵה לַחֻפָּה, בֶּן עֶשְׂרִים לִרְדֹּף, בֶּן שְׁלֹשִׁים לַכֹּחַ, בֶּן אַרְבָּעִים לַבִּינָה, בֶּן חֲמִשִּׁים לָעֵצָה, בֶּן שִׁשִּׁים לַזִּקְנָה, בֶּן שִׁבְעִים לַשֵּׂיבָה, בֶּן שְׁמֹנִים לַגְּבוּרָה, בֶּן תִּשְׁעִים לָשׁוּחַ, בֶּן מֵאָה כְּאִלּוּ מֵת וְעָבַר וּבָטֵל מִן הָעוֹלָם:

He [Yehudah ben Teima] used to say: Five years [is the age] for [the study of] Scripture, Ten [is the age] for [the study of] Mishnah, Thirteen [is the age] for [observing] commandments, Fifteen [is the age] for [the study of] Talmud, Eighteen [is the age] for the [wedding] canopy, Twenty [is the age] for pursuit, Thirty [is the age] for [full] strength, Forty [is the age] for understanding, Fifty [is the age] for [giving] counsel, Sixty [is the age] for mature age, Seventy [is the age] for a hoary head, Eighty [is the age] for [superadded] strength, Ninety [is the age] for [a] bending [stature], One hundred, is [the age at which one is] as if dead, passed away, and ceased from the world.

פרקי אבות

21

그는[여후다 벤 테이마] [다음과 같이] 말하곤 했다.

"5세가 되면 성경을 공부하고, 10세가 되면 미쉬나를 연구하고, 13세가 되면 계명을 준행하고, 15세가 되면 탈무드를 연구하고, 18세가 되면 혼기에 이르러 혼인하고, 20세가 되면 [생업에] 종사하고, 30세가 되면 [전]력을 다하고, 40세가 되면 이해력을 발휘하고, 50세가 되면 상담을 하고, 60세가 되면 철이 드는 나이가 되고, 70세가 되면 백발이 되고, 80세가 되면 힘을 [보태고], 90세가 되면 [자세가] 굽어지고, 100세가 되면 죽은 듯 돌아가 세상에서 막을 내리게 된다."

22

בֶּן בַּג בַּג אוֹמֵר, הֲפֹךְ בָּהּ וַהֲפֹךְ בָּהּ, דְּכֹלָּא בָהּ. וּבָהּ תֶּחֱזֵי, וְסִיב וּבְלֵה בָהּ, וּמִנַּהּ לֹא תָזוּעַ, שֶׁאֵין לְךָ מִדָּה טוֹבָה הֵימֶנָּה:

23

בֶּן הֵא הֵא אוֹמֵר, לְפוּם צַעֲרָא אַגְרָא:

22

Ben Bag Bag says: Search in it and search in it, since everything is in it. And in it should you look, and grow old and be worn in it; and from it do not move, since there is no characteristic greater than it.

23

Ben Hey Hey says: According to the pain is the reward.

벤 바그 바그가 이르되 "그것[토라]을 펴고 또 펴라. 모든 것이 거기에 담겨있기 때문이다. 그것을 탐구하라. 늙고 기력이 쇠하여도 이를 벗어나지 말라. 그보다 더 위대한 분깃이 없기 때문이다."

벤 헤이 헤이가 이르기를 "대가는 노력에 비례한다."

תלמוד

פרקי אבות

Chapter 6

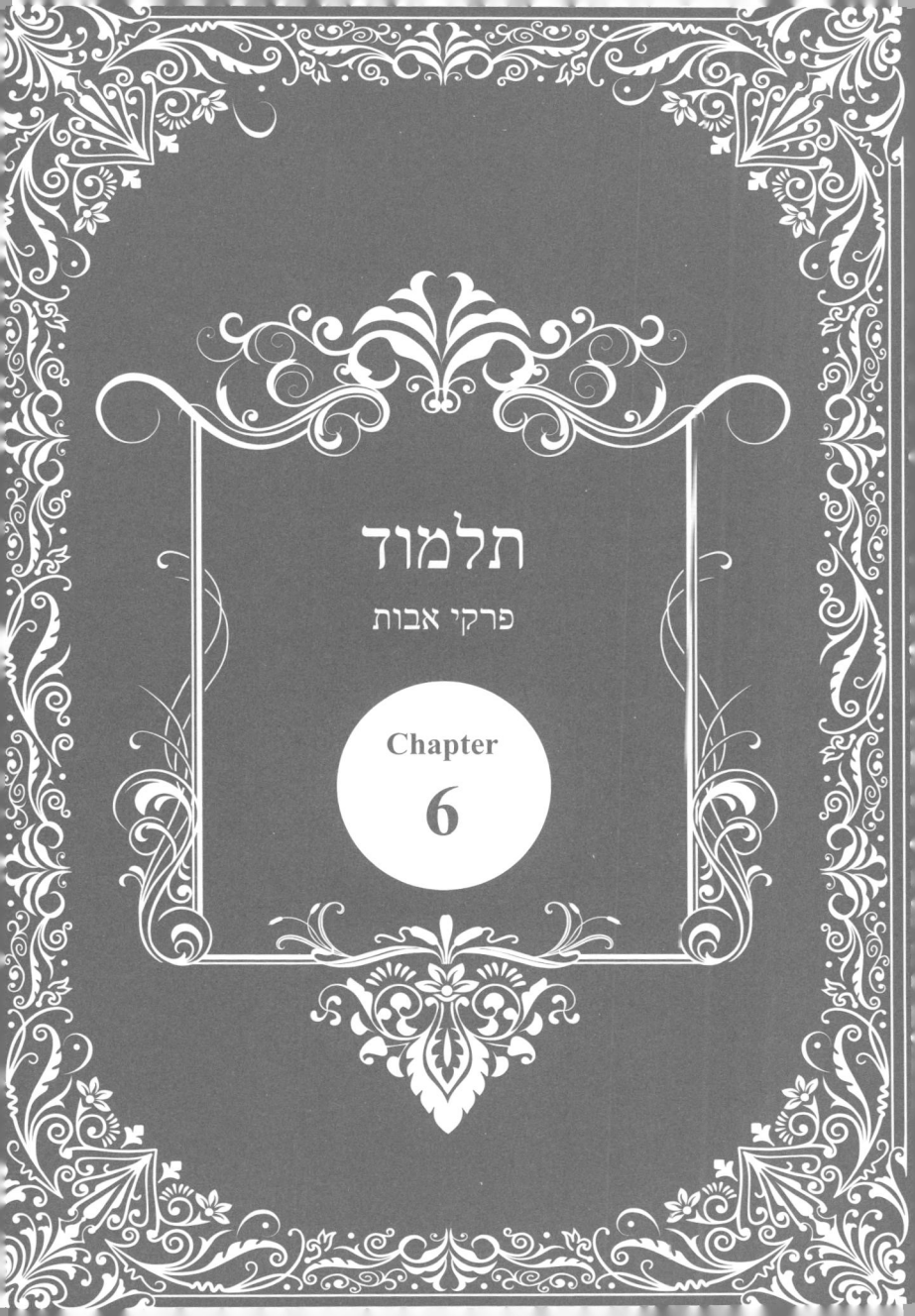

1

רַבִּי מֵאִיר אוֹמֵר כָּל הָעוֹסֵק בַּתּוֹרָה לִשְׁמָהּ, זוֹכֶה לִדְבָרִים הַרְבֵּה. וְלֹא עוֹד אֶלָּא שֶׁכָּל הָעוֹלָם כֻּלּוֹ כְּדַי הוּא לוֹ. נִקְרָא רֵעַ, אָהוּב, אוֹהֵב אֶת הַמָּקוֹם, אוֹהֵב אֶת הַבְּרִיּוֹת, מְשַׂמֵּחַ אֶת הַמָּקוֹם, מְשַׂמֵּחַ אֶת הַבְּרִיּוֹת. וּמַלְבַּשְׁתּוֹ עֲנָוָה וְיִרְאָה, וּמַכְשַׁרְתּוֹ לִהְיוֹת צַדִּיק וְחָסִיד וְיָשָׁר וְנֶאֱמָן, וּמְרַחַקְתּוֹ מִן הַחֵטְא, וּמְקָרַבְתּוֹ לִידֵי זְכוּת, וְנֶהֱנִין מִמֶּנּוּ עֵצָה וְתוּשִׁיָּה בִּינָה וּגְבוּרָה, שֶׁנֶּאֱמַר (משלי ח) לִי עֵצָה וְתוּשִׁיָּה אֲנִי בִינָה לִי גְבוּרָה. וְנוֹתֶנֶת לוֹ מַלְכוּת וּמֶמְשָׁלָה וְחִקּוּר דִּין, וּמְגַלִּין לוֹ רָזֵי תוֹרָה, וְנַעֲשֶׂה כְּמַעְיָן הַמִּתְגַּבֵּר וּכְנָהָר שֶׁאֵינוֹ פוֹסֵק, וֶהֱוֵי צָנוּעַ וְאֶרֶךְ רוּחַ, וּמוֹחֵל עַל עֶלְבּוֹנוֹ, וּמְגַדַּלְתּוֹ וּמְרוֹמַמְתּוֹ עַל כָּל הַמַּעֲשִׂים:

1

The Rabbis taught in the language (style) of the Mishnah: Rabbi Meir says: Anyone who involves himself in Torah for its own sake merits many things, and moreover the entire world is worthwhile for his sake; He is called "friend," "beloved," "lover of the Omnipresent," "lover of [all] creatures," "delighter of the Omnipresent," "delighter of [all] creatures." He is clothed in humility and reverence, and it prepares him to be righteous, devout, upright and trustworthy, and it distances him from sin, and draws him near to merit. We enjoy from him counsel and comprehension, understanding and strength, as it is said (Proverbs 8:14): "Mine is counsel and comprehension, I am understanding, mine is strength." It gives him kingship and dominion, and [the ability to] investigate in judgement, and the secrets of the Torah are revealed to him, and he becomes like an ever-strengthening spring, and like a river that does not stop. He is modest and long-tempered, and forgives insult to him; And it enlarges him and raises him above all [that God] made.

1

현인들은 미쉬나의 언어로 [6장을] 가르쳤다. 현인과 그들의 가르침을 택하신 당신은 복되신 분이다.

랍비 메이르가 이르기를 "토라를 위해 토라 연구에 전념하는 자는 많은 것을 누릴 자격이 있다. 또한 세상은 존재할만한 가치가 있다. 그는 '친구'요 '소중한 자'요, '무소부재하신 하나님이 사랑하는 자'요 '[모든] 피조물이 사랑하는 자'요, '무소부재하신 하나님이 기뻐하는 자'요, '[모든] 피조물이 기뻐하는 자'라 일컫는다. 그는 겸손과 존경을 두르고, 그것[토라]은 그를 의롭고 경건하고 정직하며 신실한 사람이 되도록 준비시킨다. 또한 그것은 죄로부터 거리를 두게 하고 공로로 이끈다. 우리는 그의 조언과 지식과 이해력과 체력을 즐거워한다. 성경에 기록된 바와 같이 '내게는 계략과 참 지식이 있으며 나는 명철이라 내게 능력이 있느니라(잠언:14).' 그것[토라]은 그에게 왕권과 통치권과 판단을 분석하는 [능력]을 베풀고, 토라의 비밀이 그에게 드러나면 그는 계속 힘을 얻는 샘과 같고 그치지 않는 강과 같다. 그는 겸손하고 오래 참으며 모욕을 용서한다. 아울러 그것[토라]은 그를 위대하게 만들고 [하나님이] 지으신 만물보다 그를 더 높일 것이다.

פרקי אבות

אָמַר רַבִּי יְהוֹשֻׁעַ בֶּן לֵוִי, בְּכָל יוֹם וָיוֹם בַּת קוֹל יוֹצֵאת מֵהַר חוֹרֵב וּמַכְרֶזֶת וְאוֹמֶרֶת, אוֹי לָהֶם לַבְּרִיּוֹת מֵעֶלְבּוֹנָהּ שֶׁל תּוֹרָה. שֶׁכָּל מִי שֶׁאֵינוֹ עוֹסֵק בַּתּוֹרָה נִקְרָא נָזוּף, שֶׁנֶּאֱמַר (משלי יא) נֶזֶם זָהָב בְּאַף חֲזִיר אִשָּׁה יָפָה וְסָרַת טָעַם. וְאוֹמֵר (שמות לב) וְהַלֻּחֹת מַעֲשֵׂה אֱלֹהִים הֵמָּה וְהַמִּכְתָּב מִכְתַּב אֱלֹהִים הוּא חָרוּת עַל הַלֻּחֹת, אַל תִּקְרָא חָרוּת אֶלָּא חֵרוּת, שֶׁאֵין לְךָ בֶן חוֹרִין אֶלָּא מִי שֶׁעוֹסֵק בְּתַלְמוּד תּוֹרָה. וְכָל מִי שֶׁעוֹסֵק בְּתַלְמוּד תּוֹרָה הֲרֵי זֶה מִתְעַלֶּה, שֶׁנֶּאֱמַר (במדבר כא) וּמִמַּתָּנָה נַחֲלִיאֵל וּמִנַּחֲלִיאֵל בָּמוֹת:

2

Rabbi Yehoshua ben Levi said: Each and every day a heavenly echo goes out from Mount Horeb, and announces and says: "Woe to the creatures for disparaging the Torah;" for anyone who does not involve himself in the Torah is called "rebuked," as it is said (Proverbs 11:22): "A ring of gold in a swine's snout is a beautiful woman who turns from discretion," and it says (Exodus 32:16): "And the tablets were the work of God, and the writing was the writing of God, graven upon the tablets," do not read "graven" (harut) but rather "freedom" (herut), for there is no free man except one that involves himself in Torah learning; And anyone who involves himself in Torah learning is elevated, as it is said (Numbers 21:19): "and from Mattanah (a place name that means 'gift,' and so can refer to the gifting of the Torah), Nachaliel; and from Nachaliel, Bamot (a place name that means 'high places')."

2

랍비 여호수아 벤 레비가 이르되 "매일 하늘의 목소리가 호렙산에서 울려퍼지며 선포하여 이르기를 '토라를 모욕한 자들에게 화가 있을지어다.' 토라 연구에 전념하지 않는 사람은 누구든 '비난받는 자'라 일컫기 때문이다. 기록된 바와 같이 '아름다운 여인이 삼가지 아니하는 것은 마치 돼지 코에 금 고리 같으니라(잠언11:22).' 또한 성경에 기록된 바, '그 판은 하나님이 만드신 것이요 글자는 하나님이 쓰셔서 판에 새기신 것이더라(출애굽기32:16).' '새기신 것'이라 읽지 말고 '자유롭게 하는 것'으로 읽으라. 토라를 배우는 데 열중하지 않는 사람치고 자유로운 자가 없기 때문이다. 아울러 토라를 배우는 데 전념하는 사람은 높임을 받을 것이다. 기록된 바와 같이 '맛다나('선물'이라는 뜻)에서 나할리엘에 이르렀고 나할리엘에서 바못('높은 곳'이라는 뜻)에 이르렀다(민수기21:19).'"

הַלּוֹמֵד מֵחֲבֵרוֹ פֶּרֶק אֶחָד אוֹ הֲלָכָה אַחַת אוֹ פָסוּק אֶחָד אוֹ דִבּוּר אֶחָד אוֹ אֲפִלּוּ אוֹת אַחַת, צָרִיךְ לִנְהוֹג בּוֹ כָבוֹד, שֶׁכֵּן מָצִינוּ בְדָוִד מֶלֶךְ יִשְׂרָאֵל, שֶׁלֹּא לָמַד מֵאֲחִיתֹפֶל אֶלָּא שְׁנֵי דְבָרִים בִּלְבַד, קְרָאוֹ רַבּוֹ אַלּוּפוֹ וּמְיֻדָּעוֹ, שֶׁנֶּאֱמַר (תהלים נה) וְאַתָּה אֱנוֹשׁ כְּעֶרְכִּי אַלּוּפִי וּמְיֻדָּעִי. וַהֲלֹא דְבָרִים קַל וָחֹמֶר, וּמַה דָּוִד מֶלֶךְ יִשְׂרָאֵל, שֶׁלֹּא לָמַד מֵאֲחִיתֹפֶל אֶלָּא שְׁנֵי דְבָרִים בִּלְבַד קְרָאוֹ רַבּוֹ אַלּוּפוֹ וּמְיֻדָּעוֹ, הַלּוֹמֵד מֵחֲבֵרוֹ פֶּרֶק אֶחָד אוֹ הֲלָכָה אַחַת אוֹ פָסוּק אֶחָד אוֹ דִבּוּר אֶחָד אוֹ אֲפִלּוּ אוֹת אַחַת, עַל אַחַת כַּמָּה וְכַמָּה שֶׁצָּרִיךְ לִנְהוֹג בּוֹ כָבוֹד. וְאֵין כָּבוֹד אֶלָּא תוֹרָה, שֶׁנֶּאֱמַר (משלי ג) כָּבוֹד חֲכָמִים יִנְחָלוּ, (משלי כח) וּתְמִימִים יִנְחֲלוּ טוֹב, וְאֵין טוֹב אֶלָּא תוֹרָה, שֶׁנֶּאֱמַר (משלי ד) כִּי לֶקַח טוֹב נָתַתִּי לָכֶם תּוֹרָתִי אַל תַּעֲזֹבוּ:

3

One who learns from his fellow one chapter or one law or one verse or one utterance or even one letter must treat him with honor, and we found it to be thus with David, King of Israel, who learned only two things from Achithophel, [yet] called him his teacher, his guide, and his intimate, as it is said (Psalms 55:14) "But it was you, a man my equal, my guide, and my intimate." And is it not a fortiori argument? If David, King of Israel, who only learned two things from Achithophel called him his teacher, his guide, and his intimate, how much more must one who learns one chapter or one law or one verse or one utterance or one letter from his fellow treat him with honor. And there is no honor except Torah, as it is said (Proverbs 3: 35) "The wise shall inherit honor," and "the whole-hearted shall inherit good" (Proverbs 28: 10), and there is no good except Torah as it is said (Proverbs 4:2) "I give you a good doctrine, do not forsake my Torah."

3

지인에게서 한 장chapter이나 한 가지 율법, 혹은 한 절이나 말씀 혹은 한 글자라도 배운 사람은 그를 존경하는 마음으로 대접해야 한다. 우리는 이스라엘 왕 다윗의 사례에서 이를 발견했다. 그는 아히도벨에게서 단 두 가지를 배웠음에도 그를 스승과 안내자와 친우라고 불렀다. 기록된 바와 같이 "그는 곧 너로다 나의 동료, 나의 친구요 나의 가까운 친우로다(시편55:13)." 설득력이 있는 주장은 아니라고 보는가? 이스라엘 왕 다윗이 아히도벨에게서 단 두 가지를 배웠음에도 그를 스승과 안내자와 친우라고 불렀으니, 친구에게서 한 장이나 한 가지 율법이나 한 절이나 한 말씀 혹은 한 글자를 배웠다면 그를 더욱더 존경하는 마음으로 대접하는 것이 마땅하지 않겠는가? 토라를 제외하면 영광은 존재하지 않는다. 기록된 바와 같이 "지혜로운 자는 영광을 기업으로 받고(잠언3:35)" "성실한 자는 복을 받느니라(잠언28:10)" 또한 토라를 제외하면 선한 것도 존재하지 않는다. 성경에 기록된 바, "내가 선한 도리를 너희에게 전하노니 내 법(토라)을 떠나지 말라(잠언4:2)."

4

כַּךְ הִיא דַּרְכָּהּ שֶׁל תּוֹרָה, פַּת בְּמֶלַח תֹּאכַל, וּמַיִם בִּמְשׂוּרָה תִּשְׁתֶּה, וְעַל הָאָרֶץ תִּישָׁן, וְחַיֵּי צַעַר תִּחְיֶה, וּבַתּוֹרָה אַתָּה עָמֵל, אִם אַתָּה עֹשֶׂה כֵן, (תהלים קכח) אַשְׁרֶיךָ וְטוֹב לָךְ. אַשְׁרֶיךָ בָּעוֹלָם הַזֶּה וְטוֹב לָךְ לָעוֹלָם הַבָּא:

5

אַל תְּבַקֵּשׁ גְּדֻלָּה לְעַצְמְךָ, וְאַל תַּחְמֹד כָּבוֹד, יוֹתֵר מִלִּמּוּדְךָ עֲשֵׂה, וְאַל תִּתְאַוֶּה לְשֻׁלְחָנָם שֶׁל מְלָכִים, שֶׁשֻּׁלְחָנְךָ גָּדוֹל מִשֻּׁלְחָנָם, וְכִתְרְךָ גָּדוֹל מִכִּתְרָם, וְנֶאֱמָן הוּא בַּעַל מְלַאכְתְּךָ שֶׁיְּשַׁלֵּם לְךָ שְׂכַר פְּעֻלָּתֶךָ:

4

This is the way [to toil in] Torah: eat bread with salt and drink a small amount of water and sleep on the ground and live a life [whose conditions will cause you] pain and in Torah you toil; if you do so (Psalms 128: 2) "happy shall you be, and it shall be well with you"— happy shall you be in this world, and it shall be well with you in the world to come.

5

Do not seek greatness for yourself, and do not covet honor. More than your study, do. And do not desire the tables of kings since your table is greater than their tables and your crown is greater than their crowns. And your Employer is trustworthy to pay you the wages of your labor.

פרקי אבות

토라 [안에서 수고하는] 법은 이렇다. "소금을 곁들여 빵을 먹고 물을 조금 마시고 땅바닥에 누워 자라. 고통을 [일으키는 환경에서] 살되 토라 안에서 수고하라. 그러면 '네가 네 손이 수고한 대로 먹을 것이라. 네가 복되고 형통하리로다(시편128:2)' '네가 복되다'는 이생을, '네가 형통하리로다'는 내세를 두고 하는 말이다.

자신을 위해 위대함을 찾지 말고, 존경에 눈독을 들이지 말라. 네가 배운 것보다 더 많은 것을 행하라. 왕들의 상을 탐내지 말라. 네 상이 그들의 상보다 크고, 네 왕관이 그들의 왕관보다 크기 때문이다. 또한 너희 고용주는 미더운 분이니 노동의 대가를 확실히 지급할 것이다.

גְּדוֹלָה תוֹרָה יוֹתֵר מִן הַכְּהֻנָּה וּמִן הַמַּלְכוּת, שֶׁהַמַּלְכוּת נִקְנֵית בִּשְׁלֹשִׁים מַעֲלוֹת, וְהַכְּהֻנָּה בְּעֶשְׂרִים וְאַרְבַּע, וְהַתּוֹרָה נִקְנֵית בְּאַרְבָּעִים וּשְׁמֹנָה דְבָרִים. וְאֵלּוּ הֵן, בְּתַלְמוּד, בִּשְׁמִיעַת הָאֹזֶן, בַּעֲרִיכַת שְׂפָתַיִם, בְּבִינַת הַלֵּב, בְּשִׂכְלוּת הַלֵּב, בְּאֵימָה, בְּיִרְאָה, בַּעֲנָוָה, בְּשִׂמְחָה, בְּטָהֳרָה, בְּשִׁמּוּשׁ חֲכָמִים, בְּדִקְדּוּק חֲבֵרִים, וּבְפִלְפּוּל הַתַּלְמִידִים, בְּיִשּׁוּב, בַּמִּקְרָא, בַּמִּשְׁנָה, בְּמִעוּט סְחוֹרָה, בְּמִעוּט דֶּרֶךְ אֶרֶץ, בְּמִעוּט תַּעֲנוּג, בְּמִעוּט שֵׁינָה, בְּמִעוּט שִׂיחָה, בְּמִעוּט שְׂחוֹק, בְּאֶרֶךְ אַפַּיִם, בְּלֵב טוֹב, בֶּאֱמוּנַת חֲכָמִים, וּבְקַבָּלַת הַיִּסּוּרִין, הַמַּכִּיר אֶת מְקוֹמוֹ, וְהַשָּׂמֵחַ בְּחֶלְקוֹ, וְהָעוֹשֶׂה סְיָג לִדְבָרָיו, וְאֵינוֹ מַחֲזִיק טוֹבָה לְעַצְמוֹ, אָהוּב, אוֹהֵב אֶת הַמָּקוֹם, אוֹהֵב אֶת הַבְּרִיּוֹת, אוֹהֵב אֶת הַצְּדָקוֹת, אוֹהֵב אֶת הַמֵּישָׁרִים, אוֹהֵב אֶת הַתּוֹכָחוֹת, מִתְרַחֵק מִן הַכָּבוֹד, וְלֹא מֵגִיס לִבּוֹ בְּתַלְמוּדוֹ, וְאֵינוֹ שָׂמֵחַ בְּהוֹרָאָה, נוֹשֵׂא בְעֹל עִם חֲבֵרוֹ, מַכְרִיעוֹ לְכַף זְכוּת, מַעֲמִידוֹ עַל הָאֱמֶת, וּמַעֲמִידוֹ עַל הַשָּׁלוֹם, מִתְיַשֵּׁב לִבּוֹ בְּתַלְמוּדוֹ, שׁוֹאֵל וּמֵשִׁיב, שׁוֹמֵעַ וּמוֹסִיף, הַלּוֹמֵד עַל מְנָת לְלַמֵּד וְהַלּוֹמֵד עַל מְנָת לַעֲשׂוֹת, הַמַּחְכִּים אֶת רַבּוֹ, וְהַמְכַוֵּן אֶת שְׁמוּעָתוֹ, וְהָאוֹמֵר דָּבָר בְּשֵׁם אוֹמְרוֹ, הָא לָמַדְתָּ שֶׁכָּל הָאוֹמֵר דָּבָר בְּשֵׁם אוֹמְרוֹ מֵבִיא גְאֻלָּה לָעוֹלָם, שֶׁנֶּאֱמַר (אסתר ב) וַתֹּאמֶר אֶסְתֵּר לַמֶּלֶךְ בְּשֵׁם מָרְדֳּכָי:

פרקי אבות

6

Greater is Torah than priesthood and kingship, for kingship is obtained with thirty levels, and priesthood with twenty-four, and Torah is obtained with forty-eight things. And these are them: learning, listening of the ear, preparation of speech, understanding of the heart, intellect of the heart, reverence, awe, humility, happiness, purity, service of sages, care of friends, debate of the students, clarification, scripture, mishnah, minimization of merchandise, minimization of worldly occupation, minimization of pleasure, minimization of sleep, minimization of conversation, minimization of laughter, patience, generosity, trust of the sages, acceptance of afflictions, knowing one's place, gladness in one's portion, erection of a fence to one's words, lack of self-aggrandizement, lovableness, love of God, love of the creatures, love of the righteous, love of the upright, love of rebuke, distancing from honor, lack of arrogance in learning, lack of joy in issuing legal decisions, lifting of a burden with one's friend, judging him with the benefit of the doubt, placing him with the truth, placing him with peace, deliberation in study, questioning and responding, hearing and adding, learning in order to teach and learning in order to act, making one's master wiser, focusing one's teaching, saying [a thing] in the name of the one who said it; for you learned that one who says something in the name of the one who said it brings redemption to the world, as it says (Esther 2:22): "Esther told the king in Mordekhai's name."

[6]

토라는 제사장직과 왕권보다 더 위대하다. 왕권은 30가지 속성으로, 제사장직은 24가지 속성으로 얻어지지만 토라는 48가지로 얻어지기 때문이다. 이를테면 연구와 경청, 마음의 이해, 마음의 지성, 존경심과 경외심, 겸손, 즐거움, 순결, 현인에 대한 섬김, 친구에 대한 배려, 학생과의 논쟁, 해명, 성경, 미쉬나, 최소한의 물품, 최소한의 생업, 최소한의 쾌락, 최소한의 수면, 최소한의 대화, 최소한의 웃음, 인내, 넓은 도량, 현인들에 대한 신뢰, 감내하는 고통, 사람의 위치에 대한 인지, 자신의 몫에 대한 만족, 자신의 언어에 세우는 울타리, 확대하지 않는 자신의 공로, 사랑스러움, 하나님의 사랑, 창조물의 사랑, 의로운 [길에 대한] 사랑, 정의에 대한 사랑, 질책에 대한 사랑, 존경과 거리를 두는 것, 연구시 거만하지 않고, 판결을 즐기지 않는 것, 친구의 부담을 덜어주는 것, 호의적으로 판단하는 것, 진리로 인도하는 것, 평화로 인도하는 것, 연구에 대한 숙고, 질의응답, 듣고 추가하는 것, 가르치기 위해 배우는 것과 실천을 위해 배우는 것, 스승을 더 현명하게 만드는 것, 가르침에 집중하는 것, 화자의 이름으로 말하는 것, 화자의 이름으로 말한 사람이 세상에 구원을 가져왔다는 것을 배웠기 때문이다. 기록된 바와 같이 "에스더가 모르드개의 이름으로 왕에게 아뢴지라(에스더 2:22)."

פרקי אבות

ד

גְּדוֹלָה תוֹרָה שֶׁהִיא נוֹתֶנֶת חַיִּים לְעֹשֶׂיהָ בָּעוֹלָם הַזֶּה וּבָעוֹלָם הַבָּא, שֶׁנֶּאֱמַר (משלי ד) כִּי חַיִּים הֵם לְמֹצְאֵיהֶם וּלְכָל בְּשָׂרוֹ מַרְפֵּא. וְאוֹמֵר (שם ג) רִפְאוּת תְּהִי לְשָׁרֶּךָ וְשִׁקּוּי לְעַצְמוֹתֶיךָ. וְאוֹמֵר (שם ג) עֵץ חַיִּים הִיא לַמַּחֲזִיקִים בָּהּ וְתֹמְכֶיהָ מְאֻשָּׁר. וְאוֹמֵר (שם א) כִּי לִוְיַת חֵן הֵם לְרֹאשֶׁךָ וַעֲנָקִים לְגַרְגְּרֹתֶיךָ. וְאוֹמֵר (שם ד) תִּתֵּן לְרֹאשְׁךָ לִוְיַת חֵן עֲטֶרֶת תִּפְאֶרֶת תְּמַגְּנֶךָּ. וְאוֹמֵר (שם ט) כִּי בִי יִרְבּוּ יָמֶיךָ וְיוֹסִיפוּ לְךָ שְׁנוֹת חַיִּים. וְאוֹמֵר (שם ג) אֹרֶךְ יָמִים בִּימִינָהּ בִּשְׂמֹאולָהּ עֹשֶׁר וְכָבוֹד. וְאוֹמֵר (שם) כִּי אֹרֶךְ יָמִים וּשְׁנוֹת חַיִּים וְשָׁלוֹם יוֹסִיפוּ לָךְ. וְאוֹמֵר (שם) דְּרָכֶיהָ דַרְכֵי נֹעַם וְכָל נְתִיבוֹתֶיהָ שָׁלוֹם:

7

Great is Torah, for it gives life to those who do it in this world and in the next world, as it says: "For they are life to those that find them, and healing to all his flesh" (Proverbs 4:22); and it says, "It will be healing for your navel, and tonic to your bones" (Proverbs 3:8). And it says, "It is a tree of life to those who hold it, and those who grasp it are happy" (Proverbs 3:18). And it says, "For they are an accompaniment of grace for your head, and a necklace for your throat" (Proverbs 1:9). And it says, "She will give your head an accompaniment of grace; with a crown of glory she will protect you" (Proverbs 4:9). And it says, "For by me your days will be multiplied, and you will be given additional years of life" (Proverbs 9:11). And it says, "Length of days is in her right hand, and in her left is wealth and honor" (Proverbs 3:16); and it says, "For length of days and years of life and peace will be added to you" (Proverbs 3:2); and it says, "her ways are ways of pleasantness, and all her paths are peace" (Proverbs 3: 17).

7

토라는 위대하다. 토라는 이생과 내세에 이를 실천하는 자들에게 생명을 주기 때문이다. 성경에 기록된 바와 같이 "그것은 얻는 자에게 생명이 되며 그의 온 육체의 건강이 됨이니라(잠언4:22)." 또한 기록된 바, "이것이 네 몸에 양약이 되어 네 골수를 윤택하게 하리라(잠언3:8)," 또한 기록된 바, "지혜는 그 얻은 자에게 생명 나무라 지혜를 가진 자는 복되도다(잠언3:18)," 또한 기록된 바, "이는 네 머리의 아름다운 관이요 네 목의 금 사슬이니라(잠언1:9)," 또한 기록된 바와 같이 "그가 아름다운 관을 네 머리에 두겠고 영화로운 면류관을 네게 주리라 하셨느니라(잠언4:9)," 또한 기록된 바, "지혜로 말미암아 네 날이 많아질 것이요 네 생명의 해가 네게 더하리라(잠언9:11)," 또 기록된 바와 같이 "그의 오른손에는 장수가 있고 그의 왼손에는 부귀가 있나니(잠언3:16)," 또 기록된 바, "네가 장수하여 많은 해를 누리게 하며 평강을 더하게 하리라 (잠언3:2)," 또한 기록된 바, "그 길은 즐거운 길이요 그의 지름길은 다 평강이니라(잠언3:17)."

רַבִּי שִׁמְעוֹן בֶּן יְהוּדָה מִשּׁוּם רַבִּי שִׁמְעוֹן בֶּן יוֹחַאי אוֹמֵר, הַנּוֹי וְהַכֹּחַ וְהָעֹשֶׁר וְהַכָּבוֹד וְהַחָכְמָה וְהַזִּקְנָה וְהַשֵּׂיבָה וְהַבָּנִים, נָאֶה לַצַּדִּיקִים וְנָאֶה לָעוֹלָם, שֶׁנֶּאֱמַר (שם טז) עֲטֶרֶת תִּפְאֶרֶת שֵׂיבָה בְּדֶרֶךְ צְדָקָה תִּמָּצֵא. וְאוֹמֵר (שם כ) תִּפְאֶרֶת בַּחוּרִים כֹּחָם וַהֲדַר זְקֵנִים שֵׂיבָה. וְאוֹמֵר (שם יד) עֲטֶרֶת חֲכָמִים עָשְׁרָם. וְאוֹמֵר (שם יז) עֲטֶרֶת זְקֵנִים בְּנֵי בָנִים וְתִפְאֶרֶת בָּנִים אֲבוֹתָם. וְאוֹמֵר (ישעיה כד) וְחָפְרָה הַלְּבָנָה וּבוֹשָׁה הַחַמָּה, כִּי מָלַךְ ה' צְבָאוֹת בְּהַר צִיּוֹן וּבִירוּשָׁלַיִם וְנֶגֶד זְקֵנָיו כָּבוֹד. רַבִּי שִׁמְעוֹן בֶּן מְנַסְיָא אוֹמֵר, אֵלּוּ שֶׁבַע מִדּוֹת שֶׁמָּנוּ חֲכָמִים לַצַּדִּיקִים, כֻּלָּם נִתְקַיְּמוּ בְרַבִּי וּבְבָנָיו:

8

Rabbi Shimon ben Yehuda, in the name of Rabbi Shimon ben Yochai, says: beauty, strength, riches, honor, wisdom, maturity, hoary head, and children are fitting for the righteous and fitting for the world, as it is written: "The hoary head is a crown of glory, it will be found in the way of righteousness" (Proverbs 16:31). And it says (Proverbs 20:29), "The glory of young men is their strength; and the beauty of old men is the hoary head." And it says (Proverbs 14:24), "The crown of the wise is their wealth." And it says (Proverbs 17:6), "Children's children are the crown of old men; and the glory of children are their fathers." And it says (Isaiah 24:23), "Then the moon shall be confounded, and the sun ashamed; for the Lord of hosts will reign in Mount Zion, and in Jerusalem, and before His elders shall be honor." Rabbi Shimon ben Menasya says: These seven qualities enumerated by the sages about the righteous were all fulfilled in Rebbi (Yehuda haNasi) and his sons.

8

랍비 쉬몬 벤 여후다는 랍비 쉬므온 벤 요하이의 이름으로 다음과 같이 말했다. "아름다움과 힘, 부와 명예, 지혜, 원숙, 백발 및 어린이는 의인에게 적합하고 이생에 적합하다. 기록된 바와 같이, '백발은 영화의 면류관이라 공의로운 길에서 얻으리라(잠언16:31).' 또한 성경은 '젊은 자의 영화는 그의 힘이요 늙은 자의 아름다움은 백발이니라(잠언20:29)'라고 말하며, '지혜로운 자의 재물은 그의 면류관이요(잠언14:24)'라고 기록하기도 했다. 이밖에도 기록된 바,
'손자는 노인의 면류관이요 아비는 자식의 영화(잠언17:6)'라고 하며 '그 때에 달이 수치를 당하고 해가 부끄러워하리니 이는 만군의 여호와께서 시온 산과 예루살렘에서 왕이 되시고 그 장로들 앞에서 영광을 나타내실 것임이라(이사야 24:23).'" 랍비 시몬 벤 므나스야가 이르되 "현인이 의인의 속성으로 규정한 일곱 가지 특성은 레비(여후다 하나시)와 그의 아들들에게서 모두 성취되었다."

ט

אָמַר רַבִּי יוֹסֵי בֶן קִסְמָא, פַּעַם אַחַת הָיִיתִי מְהַלֵּךְ בַּדֶּרֶךְ וּפָגַע בִּי אָדָם אֶחָד, וְנָתַן לִי שָׁלוֹם, וְהֶחֱזַרְתִּי לוֹ שָׁלוֹם. אָמַר לִי, רַבִּי, מֵאֵיזֶה מָקוֹם אַתָּה. אָמַרְתִּי לוֹ, מֵעִיר גְּדוֹלָה שֶׁל חֲכָמִים וְשֶׁל סוֹפְרִים אָנִי. אָמַר לִי, רַבִּי, רְצוֹנְךָ שֶׁתָּדוּר עִמָּנוּ בִמְקוֹמֵנוּ, וַאֲנִי אֶתֵּן לְךָ אֶלֶף אֲלָפִים דִּינְרֵי זָהָב וַאֲבָנִים טוֹבוֹת וּמַרְגָּלִיּוֹת. אָמַרְתִּי לוֹ, בְּנִי, אִם אַתָּה נוֹתֵן לִי כָּל כֶּסֶף וְזָהָב וַאֲבָנִים טוֹבוֹת וּמַרְגָּלִיּוֹת שֶׁבָּעוֹלָם, אֵינִי דָר אֶלָּא בִמְקוֹם תּוֹרָה. וְלֹא עוֹד, אֶלָּא שֶׁבִּשְׁעַת פְּטִירָתוֹ שֶׁל אָדָם אֵין מְלַוִּין לוֹ לָאָדָם לֹא כֶסֶף וְלֹא זָהָב וְלֹא אֲבָנִים טוֹבוֹת וּמַרְגָּלִיּוֹת, אֶלָּא תוֹרָה וּמַעֲשִׂים טוֹבִים בִּלְבַד, שֶׁנֶּאֱמַר (משלי ו) בְּהִתְהַלֶּכְךָ תַּנְחֶה אֹתָךְ, בְּשָׁכְבְּךָ תִּשְׁמֹר עָלֶיךָ, וַהֲקִיצוֹתָ הִיא תְשִׂיחֶךָ. בְּהִתְהַלֶּכְךָ תַּנְחֶה אֹתָךְ, בָּעוֹלָם הַזֶּה, בְּשָׁכְבְּךָ תִּשְׁמֹר עָלֶיךָ, בַּקֶּבֶר, וַהֲקִיצוֹתָ הִיא תְשִׂיחֶךָ, לָעוֹלָם הַבָּא. וְכֵן כָּתוּב בְּסֵפֶר תְּהִלִּים עַל יְדֵי דָוִד מֶלֶךְ יִשְׂרָאֵל (תהלים קיט), טוֹב לִי תוֹרַת פִּיךָ מֵאַלְפֵי זָהָב וָכָסֶף. וְאוֹמֵר (חגי ב) לִי הַכֶּסֶף וְלִי הַזָּהָב אָמַר ה' צְבָאוֹת:

9

Said Rabbi Yosi ben Kisma: One time I was walking on the road, and a man met me, and greeted me, and I returned the greeting. He said to me, "My master, from which place are you?" I said to him, "I am from a great city of sages and scribes." He said to me, "My master, do you wish to live among us in our place, and I will give you a thousand of thousands of golden Dinarim, and precious stones and pearls?" I said to him, "If you were to give me all the silver, gold, precious stones and pearls in the world, I would not live but in a place of Torah." And so it is written in the book of Psalms by David, King of Israel (Psalms 119:72), "The law of Your mouth is better unto me than thousands of gold and silver." Moreover, at the time of a person's passing, neither silver, gold, nor precious stones nor pearls accompany him, but Torah and good deeds alone, as it says (Proverbs 6:22), "When you walk, it shall lead you, when you lie down, it shall watch over you; and when you awake, it shall be your conversation;" "When you walk, it shall lead you"—in this world; "when you lie down, it shall watch over you"—in the grave; "and when you awake, it shall be your conversation" - for the world to come. And it says (Haggai 2:8), "Mine is the silver, and Mine the gold, speaks the Lord of hosts."

9

랍비 요세이 벤 키스마가 이르기를 "하루는 길을 걸을 때 어떤 사내가 나를 만나 인사를 건넸다. 내가 화답하자 그가 입을 열었다. '랍비여, 어디서 오셨습니까?' '현인과 서기관의 위대한 도시에서 왔소.' 이때 그는 '랍비여, 저희 집에서 우리와 함께 살고 싶진 않으십니까? 금 수천 디나와 아울러 보석과 진주도 드리겠습니다.'라 하기에 '당신이 세상의 모든 금은 및 보석과 진주를 준다 해도 토라가 있는 장소가 아닌 곳에서는 살지 않겠소. 이스라엘 왕 다윗이 기록한 시편에 기록된 바와 같이 "주의 입의 법이 내게는 천천 금은보다 좋으니이다(시편119:72)." 게다가 사람이 세상을 떠날 때에는 금은보석이나 진주가 아니라 토라와 선행만이 그와 동행할 것이오. 성경에도 기록된 바, "그것이 네가 다닐 때에 너를 인도하며 네가 잘 때에 너를 보호하며 네가 깰 때에 너와 더불어 말하리니(잠언6:22)" 여기서 "네가 다닐 때에 너를 인도한다"는 것은 이생을 두고 한 말이고, "네가 잘 때에 너를 보호한다"는 것은 무덤에서, "네가 깰 때에 너와 더불어 말한다"는 것은 내세를 두고 한 말이다. 아울러 성경에 기록된 바와 같이 "은도 내 것이요 금도 내 것이니라. 만군의 여호와의 말이니라(학개2:8)"라고 답했다."

חֲמִשָּׁה קִנְיָנִים קָנָה לוֹ הַקָּדוֹשׁ בָּרוּךְ הוּא בְּעוֹלָמוֹ, וְאֵלוּ הֵן, תּוֹרָה קִנְיָן אֶחָד, שָׁמַיִם וָאָרֶץ קִנְיָן אֶחָד, אַבְרָהָם קִנְיָן אֶחָד, יִשְׂרָאֵל קִנְיָן אֶחָד, בֵּית הַמִּקְדָּשׁ קִנְיָן אֶחָד. תּוֹרָה מִנַּיִן, דִּכְתִיב (משלי ח), ה' קָנָנִי רֵאשִׁית דַּרְכּוֹ קֶדֶם מִפְעָלָיו מֵאָז. שָׁמַיִם וָאָרֶץ קִנְיָן אֶחָד מִנַּיִן, דִּכְתִיב (ישעיה סו), כֹּה אָמַר ה' הַשָּׁמַיִם כִּסְאִי וְהָאָרֶץ הֲדֹם רַגְלָי אֵי זֶה בַיִת אֲשֶׁר תִּבְנוּ לִי וְאֵי זֶה מָקוֹם מְנוּחָתִי, וְאוֹמֵר (תהלים קד) מָה רַבּוּ מַעֲשֶׂיךָ ה' כֻּלָּם בְּחָכְמָה עָשִׂיתָ מָלְאָה הָאָרֶץ קִנְיָנֶךָ. אַבְרָהָם קִנְיָן אֶחָד מִנַּיִן, דִּכְתִיב (בראשית יד), וַיְבָרְכֵהוּ וַיֹּאמַר בָּרוּךְ אַבְרָם לְאֵל עֶלְיוֹן קֹנֵה שָׁמַיִם וָאָרֶץ. יִשְׂרָאֵל קִנְיָן אֶחָד מִנַּיִן, דִּכְתִיב (שמות טו), עַד יַעֲבֹר עַמְּךָ ה' עַד יַעֲבֹר עַם זוּ קָנִיתָ, וְאוֹמֵר (תהלים טז) לִקְדוֹשִׁים אֲשֶׁר בָּאָרֶץ הֵמָּה וְאַדִּירֵי כָּל חֶפְצִי בָם. בֵּית הַמִּקְדָּשׁ קִנְיָן אֶחָד מִנַּיִן, דִּכְתִיב (שמות טו), מָכוֹן לְשִׁבְתְּךָ פָּעַלְתָּ ה' מִקְּדָשׁ ה' כּוֹנְנוּ יָדֶיךָ. וְאוֹמֵר (תהלים עח) וַיְבִיאֵם אֶל גְּבוּל קָדְשׁוֹ הַר זֶה קָנְתָה יְמִינוֹ:

פרקי אבות

10

Five possessions has the Holy One, Blessed be He, declared His own in His world, And these are them: The Torah [is] one possession, Heaven and earth [are] one possession, Abraham [is] one possession, Israel [is] one possession, [and] the Sanctuary [is] one possession. From where [do we infer that] the Torah [is] one possession? For it is written: "The Lord possessed me at the beginning of His way, the first of His of old" (Proverbs 8:22). From where [do we infer that] heaven and earth [are] one possession? For it is written: "Thus says the Lord: 'The heaven is My throne, and the earth is My footstool. Which house might you build for Me? And which place might be My resting-place?'" (Isaiah 66:1). And it [also] says: "How manifold are Your works, O Lord! In wisdom have You made them all; full is the earth with Your possessions" (Psalms 104:24). From where [do we infer that] Abraham [is] one possession? For it is written: "And [Melchizedek] blessed him, and said: 'Blessed be Abram of God Most High, Maker of heaven and earth'" (Genesis 14:19). From where [do we infer that] Israel [is] one possession? For it is written: "Till Your people pass over, O Lord, till the people pass over whom You have made Your own" (Exodus 15:16). And it [also] says: "As for the holy that are in the earth, they are the excellent in whom is all My delight" (Psalms 16:3). From where [do we infer that] the Sanctuary [is] one possession? For it is written: "The Sanctuary, O Lord, that Your hands have established" (Exodus 15:17). And it is [also] said: "And He brought them to His holy border, to the mountain, which His right hand had possessed" (Psalms 78:54).

10

거룩하고 복되신 하나님은 당신의 세상에서 다섯 가지를 당신의 소유로 선포하셨다. 이는 다음과 같다. 토라[가] 한 소유요, 천지[가] 한 소유요, 아브라함[이] 한 소유요, 이스라엘[이] 한 소유요, [그리고] 성전[이] 한 소유다. 토라[가] 하나의 소유라는 것은 어디서 [추론할 수 있는가?] 기록된 바, "여호와께서 그 조화의 시작 곧 태초에 일하시기 전에 나를 가지셨으며(잠언8:22)." 천지[가] 하나의 소유라는 것은 어디서 [추론할 수 있는가?] 성경에 기록된 바와 같이 "여호와께서 이와 같이 말씀하시되 하늘은 나의 보좌요 땅은 나의 발판이니 너희가 나를 위하여 무슨 집을 지으랴 내가 안식할 처소가 어디랴(이사야66:1)." 또한 기록된 바, "여호와여 주께서 하신 일이 어찌 그리 많은지요 주께서 지혜로 그들을 다 지으셨으니 주께서 지으신 것들이 땅에 가득하니이다(시편104:24)." 아브라함[이] 하나의 소유라는 것은 어디서 [추론할 수 있는가?] 기록된 바, "그[멜기세덱]가 아브람에게 축복하여 이르되 천지의 주재이시요 지극히 높으신 하나님이여 아브람에게 복을 주옵소서(창세기14:19)." 이스라엘[이] 하나의 소유라는 것은 어디서 [추론할 수 있는가?] 성경이 이르기를 "여호와여 주의 백성이 통과하기까지 곧 주께서 사신 백성이 통과하기까지였나이다(출애굽기15:16)." 또 성경에 기록된 바, "땅에 있는 성도들은 존귀한 자들이니 나의 모든 즐거움이 그들에게 있도다(시편16:3)." 성전[이] 하나의 소유라는 것은 어디서 [추론할 수 있는가?] 성경에 기록된 바, "이것이 주의 손으로 세우신 성소로소이다(출애굽기15:17)." 또 성경은 "그들을 그의 성소의 영역 곧 그의 오른손으로 만드신 산으로 인도하시고(시편78:54)"라고 기록했기 때문이다.

פרקי אבות

כָּל מַה שֶּׁבָּרָא הַקָּדוֹשׁ בָּרוּךְ הוּא בְּעוֹלָמוֹ, לֹא בְרָאוֹ אֶלָּא לִכְבוֹדוֹ, שֶׁנֶּאֱמַר (ישעיה מג), כֹּל הַנִּקְרָא בִשְׁמִי וְלִכְבוֹדִי בְּרָאתִיו יְצַרְתִּיו אַף עֲשִׂיתִיו, וְאוֹמֵר (שמות טו), יְהֹוָה יִמְלֹךְ לְעֹלָם וָעֶד:

רַבִּי חֲנַנְיָא בֶּן עֲקַשְׁיָא אוֹמֵר, רָצָה הַקָּדוֹשׁ בָּרוּךְ הוּא לְזַכּוֹת אֶת יִשְׂרָאֵל, לְפִיכָךְ הִרְבָּה לָהֶם תּוֹרָה וּמִצְוֹת, שֶׁנֶּאֱמַר (ישעיה מב) ה' חָפֵץ לְמַעַן צִדְקוֹ יַגְדִּיל תּוֹרָה וְיַאְדִּיר:

Everything that the Holy One, Blessed be He, created in this world, He created only for His honor, as it says (Isaiah 43:7): "Every one that is called by My name, and whom I have created for My honor, I have formed him, yes, I have made him." And it also says (Exodus 15:18), "The Lord shall reign for ever and ever."

(Makkot 3:16) Rabbi Chananya ben Akashia says, The Holy One, Blessed be He, wanted to give Israel merit; therefore He multiplied for them Torah and commandments, as it said, "The Lord desired, for the sake of His righteousness, to make the Torah great and glorious," (Isaiah 42:21).

11

거룩하고 복되신 하나님이 세상에 창조하신 만물은 당신의 영광을 위해 창조하신 것이다. 기록된 바, "내 이름으로 불리는 모든 자 곧 내가 내 영광을 위하여 창조한 자를 오게 하라 그를 내가 지었고 그를 내가 만들었느니라(이사야43:7)." 아울러 성경은 "여호와께서 영원무궁 하도록 다스리시도다 하였더라(출애굽기15:18)"라고 기록했다.

랍비 하나냐 벤 아카시아가 이르기를 "복되시며 거룩하신 주님은 이스라엘에 값진 복을 주고 싶어 하셨다. 그래서 백성에게 토라와 계명을 넘치도록 주신 것이다. 성경에 기록된 바와 같이, '여호와께서는 자신의[이스라엘의] 의로움으로 그 교훈[토라]을 크게 하고 존귀케 하려 하셨다(이사야 42:21).'"

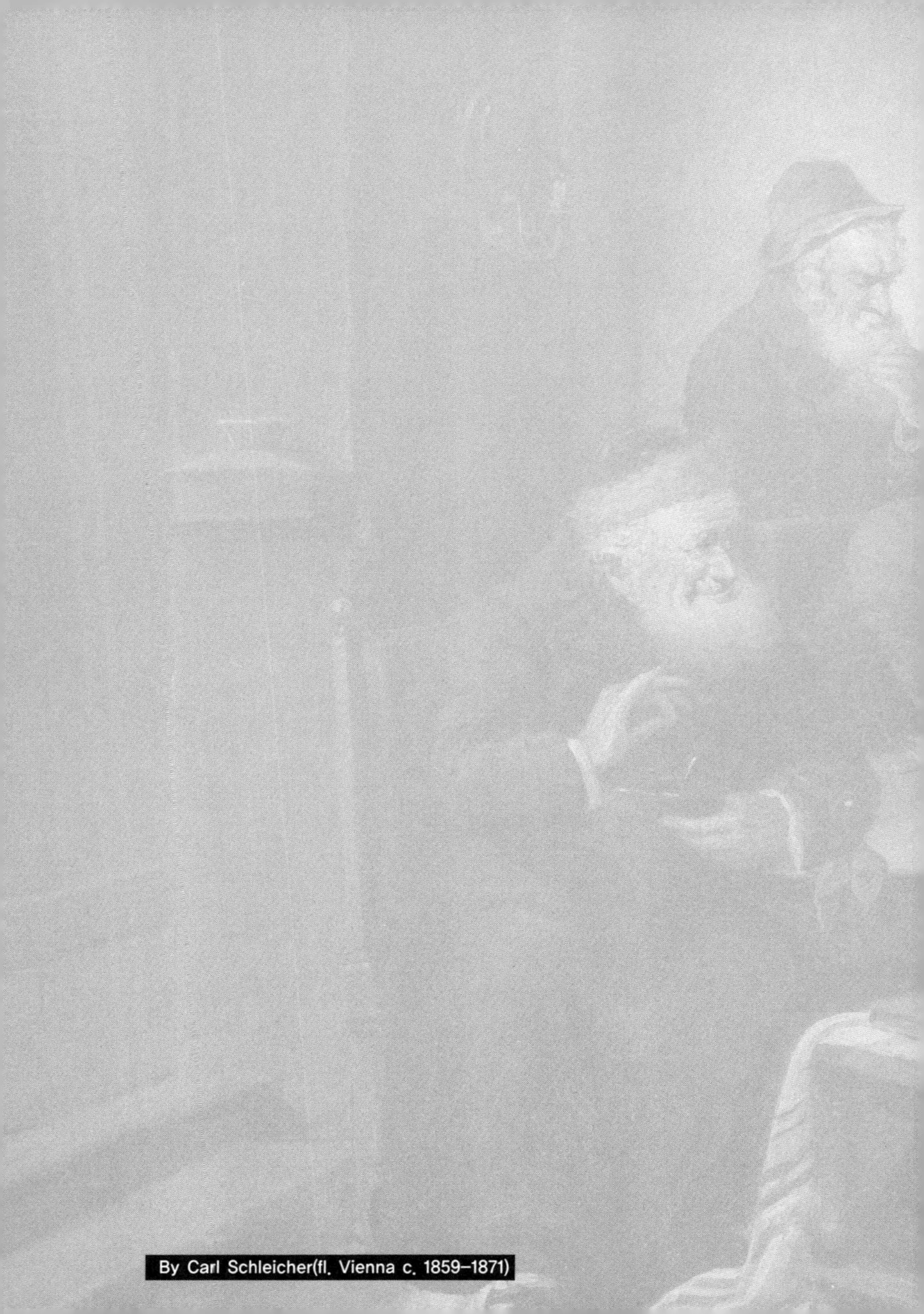

By Carl Schleicher(fl. Vienna c. 1859–1871)

| 편집인 |

여후다 하나시 (유다 하나시, 여후다 하나시)

기원후 135년 산헤드린 공의회 의장인 시므온 벤 가말리엘 2세에게서 태어났다. 미드라쉬(구약성서 주석)에 따르면, 그는 랍비 아키바가 순교한 당일에 태어났다고 한다. 여후다 하나시는 통칭 "랍비" 혹은 "라베이누 하카도쉬(우리의 거룩한 랍비)"였고 기원후 2세기경 미쉬나 본문을 집대성한 인물이기도 하다. 그는 로마가 유대(팔레스타인 남부)땅을 점령할 때 유대인 공동체를 이끈 핵심 리더였다. 탈무드에 따르면, 그는 다윗의 혈통인 까닭에 직함에 "군주Prince" 나시가 붙었다고 한다. "나시"는 산헤드린 공의회 의장에게 붙인 호칭이었다. 여후다 하나시는 기원후 217년 12월에 세상을 떠났다.

| 옮긴이 |

유지훈

투나미스 출판 대표 | 전문번역가

수원에서 초|중|고|대학을 졸업했다(영문학 전공). 저서로 『남의 글을 내 글처럼』 등이 있고 옮긴 책으로는 『좋은 사람 콤플렉스』를 비롯하여 『월드체인징(개정증보판)』, 『아빠의 사랑이 딸의 미래를 좌우한다』, 『성공의 심리학』, 『왜 세계는 가난한 나라를 돕는가?』, 『전방위 지배』, 『퓨처 오브 레스』, 『맨체스터 유나이티드』, 『미 정보기관의 글로벌 트렌드 2025』, 『걸어서 길이 되는 곳, 산티아고』, 『베이직 비블리칼 히브리어』, 『팀장님, 회의 진행이 예술이네요』외 다수가 있다.

| 역자후기 |

정답보다 질문이 더 많은 책

몇 해 전 유대교의 율법과 전통을 집대성한 탈무드가 현대 히브리어와 영어 및 불어 등으로 번역되었다는 소식을 들었다. 기간은 무려 40년이 넘었다고 한다. 주인공은 랍비 아딘 스타인살츠. 이제 그 이름은 탈무드 번역가의 대명사가 되었다.

"탈무드는 어떤 책과도 비교할 수 없는 책입니다. ... 정답보다는 질문이 더 많은 책이랄까요. 탈무드의 문을 열었으니 들어오십시오. 그건 제가 대신해드릴 수 없는 일입니다. 신은 우리에게 말을 건네고 있습니다(아딘 스타인살츠)."

탈무드가 한낱 우화나 이야기에 불과하다고만 치부하다가 원전은 히브리어와 아람어로 되어 있으며 한 번 읽는 데만 수년이 걸린다는 사실은 안 지 얼마 안 된다. 게다가 이제 탈무드 한 권을 번역한 터라 나머지 책에 대해서도 아는 바가 거의 없다. 하지만 방대한 탈무드를 수십 년에 걸쳐 완역했을 때, 탈무드 속에 담긴 유대인 선현의 가르침을 몸소 배웠을 때 나의 신앙과 사상은 어떻게 달라질까? 벌써부터 가슴이 설렌다.

왜 방대한 탈무드를 선택했는가?

 필자는 탈무드에 대한 환상을 깨주고 싶었다. 탈무드의 진가는 원전을 읽어야 알 수 있지 않겠는가? 짜깁기한 우화를 탈무드로 여긴다면 수천 년을 이어온 탈무드에 대한 예의는 아닌 것 같다. 아울러 짤막한 일화가 나오게 된 전후맥락을 이해하면 기존의 해석과는 다른 해석도 가능하리라 본다. 그래야 사고의 폭도 넓어질 것이다.

 또 한 가지 이유는 번역가로서 세상을 위해 가치 있는 일 하나쯤은 하고 세상을 떠나야 하지 않을까 하는 마음에 탈무드 번역을 시작했다. 탈무드의 가치는 탈무드를 읽고 연구하는 사람만이 알겠지만 말이다. 탈무드가 신의 섭리 가운데서 완역되기를 소망한다.

> "내가 자신을 위해 살지 않는다면
> 누가 나를 위해 살겠는가?
> 내가 나를 위해 산다면 나는 무엇이겠는가?
> 지금이 아니라면 언제란 말인가?"
> (피르케이 아보트 1:14)